谨以此丛书献给
内蒙古自治区文物考古研究所成立60周年

内蒙古文化遗产丛书

呼和浩特文化遗产

内蒙古自治区文物考古研究所　编

文物出版社

责任编辑　李　飏
责任印制　陈　杰

图书在版编目（CIP）数据

呼和浩特文化遗产/陈永志，吉平，张文平主编；
内蒙古自治区文物考古研究所编．—北京：文物出版社，
2014.8

　（内蒙古文化遗产丛书）
　ISBN 978−7−5010−4061−2

　Ⅰ.①呼… Ⅱ.①陈… ②吉… ③张… ④内… Ⅲ.
①文化遗产−介绍−呼和浩特市 Ⅳ.①K292.61

中国版本图书馆CIP数据核字(2014)第167046号

呼和浩特文化遗产

编　　者　内蒙古自治区文物考古研究所
出版发行　文物出版社
地　　址　北京市东直门内北小街2号楼
邮政编码　100007
网　　址　www.wenwu.com
邮　　箱　web@wenwu.com
制版印刷　北京燕泰美术制版印刷有限责任公司
经　　销　新华书店
版　　次　2014年8月第1版第1次印刷
开　　本　787×1092　　1/16
印　　张　22.25
书　　号　ISBN 978−7−5010−4061−2
定　　价　320.00元

序言

美丽富饶的内蒙古自治区位于祖国的北部边疆，环境优美，气候宜人，自古以来就是人类繁衍生息的好地方。特定的地理位置、区域特点与生态环境，形成绚丽多姿、丰富多彩的物质文化遗产，造就了博大精深的草原文化。由内蒙古自治区文物考古研究所编纂的这套《内蒙古文化遗产丛书》，将分布在内蒙古自治区各地的物质文化遗产以盟市为单位编列成书，系统地向社会展示，显示了内蒙古自治区文化遗产的突出优势，这在当今"弘扬社会主义先进文化，推动社会主义文化大发展大繁荣"的新形势下，无疑具有重要的现实意义。

内蒙古自治区历史悠久，文化积淀深厚。草原地区人类的历史最早可以追溯到旧石器时代，这是草原文化的滥觞时期。在内蒙古呼和浩特东郊发现的大窑旧石器时代遗址，发现了石器制造场与其他的人类遗迹，将内蒙古地区人类的历史提升到了50万年。另外，在内蒙古其他地区还发现了距今5万年至1万年的"河套人"以及"扎赉诺尔人"，由此证明了中国北方的内蒙古自治区也是人类的重要起源地之一。新石器时代至青铜时代是草原文化形成的重要阶段，以赤峰红山命名的红山文化，是这一时期草原文化的核心。在内蒙古地区相继发现的兴隆洼文化、赵宝沟文化、富河文化、庙子沟文化、小河沿文化、朱开沟文化、夏家店下层文化等一系列草原考古学文化，使得中华民族文化呈现出"多源辐辏"、"百花齐放"的繁荣局面。秦汉、魏晋之际是草原文化快速发展的重要阶段。位于阿拉善盟的居延遗址群是中国西部地区重要的汉代边疆城市遗址，以出土"居延汉简"著称于世。呼和浩特地区和林格尔的盛乐古城遗址是内蒙古中南部最大的都城遗址。呼伦贝尔市鄂伦春自治旗的嘎仙洞遗址，发现北魏太平真君四年（443年）的石刻祝文，证明了此处是鲜卑贵族的"先祖石室"、拓跋鲜卑的发祥地。这些重要的文化遗产是中国历史上多民族文化碰撞、融合、升华的实物见证。辽金元时期草原文化达到了空前的繁荣与昌盛。内蒙古东部的赤峰、通辽历史上是辽王朝的京畿地区，契丹人的政治中心所在。在这一地区分布有辽上京、辽中京两大都城，还分布有辽祖陵、辽怀陵、辽庆陵三大皇族陵寝，以及轰动世界、闻名遐迩的辽陈国公主墓、吐尔基山辽墓。元代的内蒙古地区是东西文化交流的主阵地，"草原丝绸之路"东端的重要起点。元上都遗址是中国北方草原地带最大的元代都城遗址，御天门、大安阁、穆清阁等重要建筑遗迹，真实地再现了元代皇城的宏伟规模，极大地彰显了元上都遗址的突出价值，是内蒙古自治区极为珍贵的世界文化遗产。位于乌兰察布市的集宁路古城遗址，考古发现了一处完整的市肆遗迹及多处器物窖藏，出土了釉里红玉壶春瓶、青花梨形壶、卵白釉"枢府"铭盘、青釉龟形砚滴、青釉荷叶盖罐等大量完整瓷器，以及其他珍贵瓷器标本上万件，堪称中国的"庞贝城"。另外，内蒙古自治区也是我国古代岩画资源最为富集的地区，以阴山岩画、曼德拉山岩画、乌兰察布岩画最为典型，岩画总量多达十万余幅，时代纵跨上万年，这是内蒙古草原地区现存最为壮观的古代艺术画廊。此外，内蒙古自治区还拥有当今世界上保存最长、辐射面最广、影响最为深远的特殊文化线路——长城。全区共查明有战国燕、战国赵、战国秦、秦代、西汉、东汉、北魏、隋代、北宋、金代、西夏、明代修筑的长城墙体7570公里，有与长城相关的马面、敌台、烽燧、障城、关堡等各类遗存近万处，其附属遗址的数量、跨越的时代及墙体长度，都位居全国第一。这些林林总总的物质文化遗产都是内蒙古自治区珍贵的文化资源，是草原文明的重要实物载体，也是草原文化薪火相传的实物例证。

《内蒙古文化遗产丛书》以草原地区古代民族活动遗留下来的物质文化遗产为具体研究对象，对人类的生产生活、社会生活、精神生活进行"时"、"空"、"人"三维的全方位考察研究，以期对草原民族物质生活、精神生活以及制度体系进行客观定位，进而揭示社会文化的发展状况，人类文明的历史进程。人类起源问题是当今世界十大科学课题之一，草原人类从何而来？草原文明从哪发端？这也是困扰当今学术界的重大问题。内蒙古草原地带大窑遗址、萨拉乌苏遗址、金斯太洞穴遗址、扎赉诺尔遗址等一系列旧石器时代文化遗存的考古发现，证明中国北方草原地带的内蒙古自治区同样也是人类的重要发祥地之一，其学术意义是不言而喻的。而古代文明的起源与形成也是世界学术界倍加关注的课题之一。近年来，随着内蒙古文化遗产保护、发掘与研究工作的深入开展，广泛分布在蒙古草原地带的一些古代遗址与墓葬逐渐地被揭露与发现，不同历史时期的文物精品大量破土面世。特别是位于内蒙古东部地区红山文化遗址的考古发现，证明了中华民族文明的源头可以追溯到草原深处，内蒙古同样也是中华文明曙光升起的地方，草原文化与黄河文化、长江文化三位一体，已经构成了中华民族历史文明的三大主流文化。中华民族多元一体文化格局的建构，草原文化功不可没。

草原文化之所以有着如此强大的生命力与感召力，还在于她的开放性、包容性与文化内涵的博大精深。内蒙古自治区位于欧亚大陆的东端，蒙古高原的南部，作为世界历史上著名的"草原丝绸之路"，这里是东西文化交流的重要长廊，也是游牧文明与农耕文明交融和碰撞的特殊地带。特殊的区域位置与人文环境，创造了种类繁多、规模宏大、保存完好的城市文化遗产。在内蒙古自治区分布有北魏的盛乐都，辽代的上京城，元代的上都、黑城古城等中外闻名的城市遗址，围绕着这些大遗址，群星点点地分布着各类古代文化遗存，构成了草原丝绸之路商品交换的大通道，东西文化传播的主干线。

所以，分布在内蒙古自治区这些林林总总的物质文化遗产，反映了草原文化的庞大内涵，是草原文明最为直接而又形象的体现。文化是多元的，中华民族文化是多民族文化碰撞、融和、升华的结果，草原文化是中华民族文化构筑的一个重要板块，深化草原文化研究，考察草原文化的发展演进轨迹，探索草原文化与华夏文化碰撞、融合的历史进程，对于进一步弘扬中华民族文化具有重要的历史意义。

习近平总书记指出：一个国家、一个民族的强盛，总是以文化兴盛为支撑的，中华民族伟大复兴需要以中华文化发展繁荣为条件。中华优秀文化是我们民族永不褪色的名片、永不贬值的"硬通货"。同时要求我们要系统梳理传统文化资源，让收藏在禁宫里的文物、陈列在广阔大地上的遗产、书写在古籍里的文字都"活"起来。这是对我们文化工作者的一个总体要求，也是我们文化遗产保护事业发展的一个总方针。目前，内蒙古自治区的文化遗产保护事业蓬勃发展，草原文化研究欣欣向荣，重大考古发现层出不穷，学术研究成果斐然，文化遗产保护工作得到了社会的普遍认同，在弘扬中华民族传统文化、增强国民凝聚力与向心力、建设社会主义和谐社会等方面发挥着不可替代的重要作用。作为展示草原文化遗产的点睛之作，《内蒙古文化遗产丛书》以研究内蒙古文化遗产为主要内容，旨在进一步弘扬草原文化，传承草原文明，这是这套丛书付梓的重要意义。

是为序。

内蒙古自治区党委常委　宣传部部长

2014年7月25日

目录

前言

陈永志

内蒙古自治区位于中国北方草原地带，作为世界上著名的"草原丝绸之路"，历史文化积淀深厚。目前已初步查明有各类文物遗址点2.1万余处，全国重点文物保护单位141处，自治区级重点文物保护单位319处，盟市旗县级别的文物保护单位700余处。这些林林总总的物质文化遗产，构成了草原文明的主体，展现出草原文化发展的完整脉络，是内蒙古自治区极为珍贵的文化资源。如何有效地利用这些丰厚的文化遗产，将文化遗产资源转化为强大的发展优势，这是我们每一个文物考古工作者所肩负的历史重任。党的十八大提出"两个一百年"的奋斗目标和实现中华民族伟大复兴"中国梦"的战略构想，而夯实中华文化的根基，展示中华文化的精粹，张扬中华文化的辉煌，是建设社会主义文化强国的根本，也是奔向"两个一百年"奋斗目标和实现中华民族伟大复兴"中国梦"最为有效的途径。

内蒙古自治区多草原、山地、沙漠的自然环境特点，使得历史上遗留下来的大量文物古迹完整地保存至今。内蒙古文化遗产的特色与优势就是地下埋藏文物丰富，文化内涵深厚，草原特色鲜明。近期，内蒙古自治区党委、政府提出了"8337"的发展思路，将内蒙古自治区建设成"体现草原文化、独具北疆特色的旅游观光、休闲度假基地"作为文化发展的战略目标，其主旨就是要充分发掘文化资源，彰显内蒙古自治区突出的文化资源优势，丰富草原文化的内涵。而文化遗产则是草原文化的主要承载体，是草原文明最为形象直观的体现。所以，对内蒙古自治区文化遗产的深入发掘、研究与展示，是弘扬草原文化、传承草原文明、建设民族文化强区的实际需要。

中华民族文化是多民族文化碰撞、融和、升华的结果，草原文化是中华民族文化的重要组成部分，而文化遗产则是草原文化的精粹，也是草原文化的核心内容。因此，对草原文化遗产的深入发掘与研究，对于提升草原文化在中华民族文化中的历史地位具有重要的意义。中华民族素以"声色文物之邦"著称于世，具有悠久的历史与光辉灿烂的文化。中华文化的特点首先是连绵不断，其次是多元一体，再次是具有鲜明的民族特色。世界上没有任何一个国家像中国一样，具有自旧石器时代起，历经新石器时代、青铜时代、铁器时代、历史时期直至近现代这样一个衔接完整的历史发展脉络，更没有一个国家的文化像中国的文化一样包罗万象、博大精深、源远流长，这也是中华民族之所以屹立于世界民族之林的一个重要原因。内蒙古自治区位于蒙古高原的南端，是草原丝绸之路的主干线，东西文化碰撞、交流的枢纽地带，中华民族文化以此为平台，向周边地区传播，从而推动了世界文明的发展。所以，草原文化在构建中华民族多元一体文化格局的过程中具有重要的作用，而构成草原文化核心内容的就是这些丰富多彩的草原文化遗产，这是内蒙古自治区重要的文化资源，也是建设民族文化强区强大的"软实力"。

习近平总书记指出：宣传阐释中国特色，要讲清楚每个国家和民族的历史传统、文化积淀、基本国情不同，其发展道路必然有着自己的特色；讲清楚中华文化积淀着中华民族最深沉的精神追求，是中华民族生生不息、发展壮大的丰厚滋养；讲清楚中华优秀传统文化是中华民族的突出优势，是我们最深厚的文化软实力。这是对我们国家文化遗产保护事业高屋建瓴的一个总体要求。近年来，随着内蒙古田野考古工作的深入开展，广泛分布在蒙古草原地带的一些古代城址与墓葬逐渐地被揭露与发现，不同历史时期的文物精品大量破土面世，草原文化的研究进入了一个全新的历史阶段。在新的历史条件下，为了进一步繁荣发展内蒙古自治区的文化遗产保护事业，深入弘扬草原文化，针对内蒙古自治区文化遗产的分布状况与文化特点，我们编写了这套《内蒙古文化遗产丛书》，对内蒙古自治区境内的文化遗产进行深入的发掘、研究与展示，目的就是让这些埋藏在地下的文化遗产充分地"活"起来，以期讲好中国故事，传播好中国声音，为建设内蒙古文化强区尽绵薄之力。

《内蒙古文化遗产丛书》分为《呼和浩特文化遗产》、《包头文化遗产》、《乌海文化遗产》、《赤峰文化遗产》、《通辽文化遗产》、《呼伦贝尔文化遗产》、《鄂尔多斯文化遗产》、《乌兰察布文化遗产》、《巴彦淖尔文化遗产》、《兴安文化遗产》、《锡林郭勒文化遗产》、《阿拉善文化遗产》共12卷本，根据内蒙古自治区的行政区划按盟市为单位分别编写。所介绍的内容为传统意义上的物质文化遗产，空间范围以内蒙古自治区辖境为基本覆盖范围，时间范围为旧石器时代至近现代，具体为不同历史时期遗留下来的古遗址、古墓葬及相关文物，涵盖历史、文学、艺术、语言、宗教、哲学、教育、民俗诸多方面的内容。重点以各盟市所辖范围内的全国重点文物保护单位、自治区级重点文物保护单位和市县级重点文物保护单位为主，同时包括其他未定级别的文物遗址与重要的考古发现，并配以图片及相关佐证材料，力求客观真实。

本系列丛书为内蒙古自治区"草原英才"工程项目成果之一，同时也是献给内蒙古自治区文物考古研究所建所60周年的隆重大礼。我们力求通过本系列丛书将内蒙古自治区境内的文化遗产状况全面、系统、真实地反映出来，为建设发展的内蒙古、繁荣的内蒙古、文化的内蒙古贡献自己的一份力量。囿于编者的学识与水平，本系列丛书难免有这样或那样的不足之处，敬请各位读者批评指正。

内蒙古文化遗产概论

陈永志

内蒙古自治区地域辽阔，呈东北向西南斜伸的狭长形，总面积约118.3万平方公里。在漫长的地质历史演化的过程中，形成了高山、草地、平原、盆地、沙漠戈壁等复杂的自然环境风貌。这些复杂的自然环境，同时也造就了内蒙古地区多元化的人文环境风貌。从旧石器时代的"大窑人"，到新石器时代的"红山人"，再到青铜时代的"夏家店人"，一直到后来的北狄、匈奴、鲜卑、突厥、回鹘、契丹、女真、蒙古等民族，这些草原民族经过世代繁衍生息，交往融合，形成了雄厚的历史文化积淀，造就了博大精深的草原文化遗产。对这些草原文化遗产的突出普遍价值的正确认知，是深入发掘内蒙古自治区文化资源的需要，也是建设文化强区的必要保障。

一 内蒙古物质文化遗产概况

文化遗产包括遗存与遗物两大部分，主要涉及人类社会政治、经济、文化、军事、宗教等诸多方面。遗存主要有古

锡林郭勒盟金斯太旧石器时代洞穴遗址

城市遗址、古墓葬、古建筑等，还有长城、界壕、驿道等复合型的特殊遗址；遗物主要有金银器、青铜器、碑刻、岩画、货币、雕塑、陶瓷、丝织品等。目前已初步查明内蒙古自治区有各类文物遗址点2.1万余处，全国重点文物保护单位141处，自治区级重点文物保护单位319处，盟市旗县级别的重点文物保护单位700余处。这些珍贵的文化遗存，构成了草原文明的主体，展现出草原文化发展的完整脉络。

旧石器时代是草原文化的滥觞时期，位于中国北方的内蒙古自治区同样也是人类的重要起源地之一。目前为止，在内蒙古自治区发现的旧石器时代遗址就达三十余处，其中以呼和浩特东郊发现的大窑遗址、鄂尔多斯发现的萨拉乌苏遗址、锡林郭勒发现的金斯太洞穴遗址、呼伦贝尔发现的扎赉诺尔遗址最为典型。大窑遗址位于呼和浩特市大窑村南，以发现的旧石器制造场及四道沟典型的地层剖面为重要的考古学依据。第一层为表土层，形成于全新世；第二层为马兰黄土层，形成于晚更新世晚期；第三层为淡红色土层，形成于晚更新世早期；第四层至第七层为离石黄土层，形成于更新世中期。在第四层底部发现有肿骨鹿化石，还有远古人类打制的石片、刮削器、砍砸器、石刀和石核等石制品，其时代属于旧石器时代早期，距今约50万年。鄂尔多斯萨拉乌苏旧石器时代遗址，发现于1922年，其后经过多次调查，在此地相继发现了顶骨、额骨、枕骨、股骨、胫骨、腓骨19件化石。其中有六件人骨化石是从晚更新世原生地层里发现的，学术界命名为"萨拉乌苏文化"，属于旧石器时代晚期，距今5万至3.7万年。锡林郭勒盟东

赤峰市魏家窝铺红山文化遗址发掘现场

通辽市哈民遗址清理出土的半地穴房屋基址

乌珠穆沁旗金斯太洞穴遗址，发现了旧石器时代中期晚段到青铜时代的连续地层堆积。在旧石器时代地层中发现了人类用火遗迹，出土了大量的打制石器、细石器、晚更新世晚期的动物骨骼化石等珍贵遗存。经^{14}C测定，距今约3.6万年。金斯太洞穴遗址的考古发现，对北方草原地区旧石器时代中晚期现代人的起源、迁徙、旧石器时代至新石器时代转变机制等方面的研究，都具有十分重大的意义。扎赉诺尔遗址发现于1927年，先后共发现15个个体的人头骨化石及其他化石。该遗址出土有石镞、刮削器、石片、石核等细石器，刀梗、锥、镖等骨器，并出土有夹砂粗陶器残片，同时出土有猛犸象、披毛犀等动物化石，是典型的中石器时代遗址，具体时代距今一万年左右。

在内蒙古自治区共发现新石器时代遗址两千余处，这些遗址主要分布在内蒙古东南部的西辽河流域及内蒙古中南部的黄河流域及环岱海地区。以赤峰红山命名的红山文化，是这一时期草原文化的核心。在内蒙古东部地区相继发现的兴隆洼文化、赵宝沟文化、富河文化、小河沿文化等一系列草原考古学文化，使得中华民族文化呈现出"多源辐辏"、"百花齐放"的繁荣局面。西辽河流域时代最早的新石器时代文化是敖汉旗的"兴隆洼文化"，其后是位于敖汉旗的"赵宝沟文化"和以赤峰红山后遗址为代表的"红山文化"以及以巴林左旗富河沟门聚落遗址为代表的"富河文化"。在通辽市科尔沁左翼中旗发现的哈民聚落遗址，是近期在内蒙古东北地区发现的较为重要的考古发现，被定名为"哈民文化"，也属于红山文化系列。这些考古学文化早到距今约8000年，晚到距今约4000年，以之字纹筒形罐、C形玉龙、楔形石耜为主要考古学文化特点。内蒙古中南部黄河流域及环岱海地区的新石器时代文化，主要属于中原地区的仰韶文化和龙山文化序列。最早的以凉城县王墓山遗址为代表的"王墓山下类型"，其年代大约距今6000年，属于仰韶文化晚期。其后有托克托县的"海生不浪文化"、包头市的"阿善二期文化"、察哈尔右翼前旗的"庙子沟文化"、凉城县的"老虎山文化"等，以彩陶钵、小口尖底瓶、双耳罐为主要考古学文化特点。

内蒙古地区发现的青铜时代遗址有七千余处，其中以夏家店下层文化、夏家店上层文化、大口二期文化和朱开沟文化为典型。夏家店下层文化发现于老哈河及大小凌河流域，以赤峰药王庙、夏家店、蜘蛛山、大甸子遗址，范杖子墓地为典型，其后又有赤峰三座店山城遗址、二道井子聚落遗址等重要考古发现。夏家店上层文化南边老哈河流域以宁城县南山根遗址为代表，北边西拉沐沦河流域以赤峰克什克腾旗龙头山遗址为典型，时间为夏、商至春秋时期。同一时期的考古学文化在赤峰地区还有"井沟子"、"铁匠沟"、"水泉"等文化类型。内蒙古中南部的青铜时代遗址，较为典

赤峰市三座店石城遗址

赤峰市二道井子遗址考古发掘现场

型的是准格尔旗大口村的"大口二期文化"和伊金霍洛旗的"朱开沟文化"。在朱开沟文化的第五段遗存内，发现鄂尔多斯式青铜戈，从而将鄂尔多斯式青铜器的时代上限上溯到二里冈上层文化时期，也就是商代早期。经过考古发掘证明，以"鄂尔多斯式青铜器"为代表的"朱开沟文化"，是属于商周时期中国北方少数民族的文化遗存，其时代下限距今2500年左右。

秦汉、魏晋之际是中国历史上各民族走向大一统、大融合的重要历史阶段。秦汉王朝为稳定边疆统治，在内蒙古地区营建大小边疆城镇，并屯垦开发。初步统计，内蒙古地区有秦汉时期大小城镇多达四十余座，目前能够确定其地望的城址主要有以下几例：云中郡为托克托县古城村古城，沙陵县城址为托克托县哈拉板申村东古城，沙南县城址为准格尔旗十二连城城，侦陵县城址为托克托县章盖营子古城，北舆县城址为呼和浩特塔布陀罗海古城，阳原县城址为呼和浩特市郊八拜村古城，武泉县城址为卓资县三道营子村古城，五原郡治所为乌拉特前旗三顶帐房古城，临沃县城址为包头市麻池村古城，定襄郡治所成乐城为和林格尔县土城子古城，桐过县城址为清水河县上城湾古城，安陶县城址为呼和浩特市郊陶卜齐古城，武城县城址为和林格尔县榆林城古城，临戎县城址为磴口县补隆淖乡河拐子古城，窳浑县城址为磴口县沙金陶海保尔浩特古城，朔方郡治所三封县城为磴口县陶升井古城，美稷县城址为准格尔旗纳林镇古城，广衍县城址为准格尔旗瓦尔吐沟古城，沃阳县城址为凉城县双古城古城，右北平郡治所平刚县城为宁城县甸子乡黑城古城。这些秦汉时期城市遗址在魏晋南北朝时期继续沿用，成为鲜卑族南迁汉化的重要跳板。其中拓跋鲜卑南下建立的第一座都城盛乐城在今天的和林格尔县土城子古城，是内蒙古中南部最大的城市遗址，而北魏云中宫所在地就在今托克托县古城村古城。围绕着这两座古城，还分布有北魏重要的军事重镇，其中的沃野镇城址为乌拉特前旗苏独仑乡根子场古城，怀朔镇城址为固阳县城库伦古城，武川镇城址为武川旦乌兰不浪乡土城梁古城，抚冥镇城址为四子王旗库图城卜子古城，柔玄镇城址为察哈尔右翼后旗白音查干古城。目前在内蒙古地区共发现有秦汉魏晋时期的文物遗址多达三千余处，东西分布众多的城市遗址是这一特殊历史时期古代内蒙古地区多民族文化碰撞、融合、升华的实物见证。

内蒙古隋唐时期的文物遗址较少，目前初步统计有三百余处，这些文物遗迹也主要以城市遗址为主，目前能够认定其性质的主要有以下几例：隋代朔方郡长泽县城址为鄂托克前旗城川古城，榆林郡治所胜州城址为准格尔旗十二连城，富昌县城址为准格尔旗天顺圪梁古城，金河县城址为托克托县七星湖村古城，五原郡治所丰州城为乌拉特前旗东土城村古城。唐王朝为了加强对北方边疆地带的控制，实行节度使与羁縻州制度，内蒙古地区唐代的城镇多属于羁縻州府。其中振武节度使与单于都护府同驻一城，城址在今和林格尔县土城子古城，东受降城在今托克托县的大皇城古城，胜州城址在今准格尔旗十二连城古城，河滨县城址在今准格尔旗天顺圪梁古城，长泽县城

呼和浩特市和林格尔盛乐古城遗址发掘清理的汉代砖室墓

呼和浩特市和林格尔汉墓壁画——庄园图

在今鄂托克前旗城川古城，白池县城址在今鄂托克前旗二道川的大池古城，天德军城址在今乌拉特前旗陈二壕古城，中受降城址在今包头市傲陶窑子古城，兰池都督府城址在今鄂托克前旗三段地乡的巴拉庙古城，饶乐都督府城址在今林西县樱桃沟古城。这些隋唐时期的城址，大部分保存完好，城内遗迹丰富，出土文物精美。

辽金元时期内蒙古地区的文物遗址最为丰富，多达1.1万余处。这些文物遗址规模宏大，种类庞杂，精品众多，在世界文明史上具有重要的历史地位。位于内蒙古东部的赤峰市辖区，历史上是辽王朝的京畿地区，契丹人的政治中心。在这一地区分布有辽上京、辽中京两大都城，还分布有辽祖陵、辽怀陵、辽庆陵三大皇族陵寝。在辽代，中国北方草原地带开始了大规模的城市建设，据《辽史》记载，辽朝有"京五、府六、州军城百五十六、县二百有九"。目前能够确认的辽代城市遗址有两百余座，其中最为著名的上京临潢府城址在今巴林左旗林东镇，中京大定府城址在今宁城县大明城。除辽代京城以外，还有一些著名的州县城，如龙化州城址为今奈曼旗孟家段古城，永州城址为今翁牛特旗白音他拉古城，武安州城址为今敖汉旗丰收乡白塔子古城，丰州城址在今呼和浩特白塔古城，祖州城址在今巴林左旗石房子古城，庆州城址在今巴林右旗索博力嘎古城，通化州城址在今陈巴尔虎旗浩特陶海古城等。金代城址也多沿用辽代城址，其中北京路城址为今宁城县大明城，武平县城址在今敖汉旗白塔子古城，临满府路城址在今巴林左旗林东镇南古城，长泰县城址在今巴林左旗十三敖包乡古城，西京路所属丰州城址在今呼和浩特市东白塔古城，东胜州城址在今托克托县的大皇城和小皇城，宁边州城址在今清水河县下城湾古城，净州城址在今四子王旗吉生太乡城卜子古城，桓州城址在今正蓝旗四郎城古城，集宁县城址在今察哈尔右翼前旗巴彦塔拉乡土城子古城，振武镇城址在今和林格尔土城子古城，宣宁县城址在今凉城县淤泥滩古城，天成县城址为今凉城县天成村古城等。金代的城市一般年代跨度较小，规模不显，但同样也被后来的元朝沿用与开发。古代的内蒙古地区是元朝的肇兴之地，此地建有元朝的开国之都——元上都，还分布有一系列的路府州县城市，文物遗迹丰富。世界著名的元上都城址位于今正蓝旗五一牧场内，城垣面积达四平方公里之多，是当时国际性的大都会。以元上都城址为中心，元代的城市遗址可以说是星罗棋布。成吉思汗母亲月伦太后和幼弟斡赤斤在其封地内兴筑的城郭位于今鄂温克族自治旗辉苏木巴彦乌拉古城，成吉思汗二弟哈撒儿在其封地内兴筑的城郭为今额尔古纳右旗黑山头古城，汪古部兴建的德宁路古城为在今达尔罕茂明安联合旗敖伦苏

赤峰市辽代上京城皇城内清理的塔基遗址

通辽市辽陈国公主墓发掘现场

木古城，元代砂井总管府城址为今四子王旗红格尔苏木大庙古城，元代集宁路城址在今察哈尔右翼前旗巴彦塔拉乡土城子古城，净州路城址在今四子王旗吉生太乡城卜子古城，弘吉刺部在其封地内兴筑的应昌路城址为今克什克腾旗达尔罕苏术鲁王城，全宁路城址为今翁牛特旗乌丹镇西门外古城，亦乞列思部兴建的宁昌路城址在今敖汉旗五十家子村，上都路下属的桓州城址为今正蓝旗四郎城，松州城址在今赤峰市红山区西八家古城，兴和路下属的威宁县城址在今兴和县台基庙古城，丰州城址在今呼和浩特市东白塔古城，云内州城址在今托克托县西白塔古城，东胜州城址在今托克托县大皇城，红城屯田所在今和林格尔县小红城古城，大宁路城址在今宁城县大明城，高州城址在今赤峰市松山区哈拉木头古城，兀刺海路城址在今乌拉特中旗新忽热古城，亦集乃路城址为今额济纳旗黑城。这些元代城市遗址呈扇形分布在中国北方的内蒙古草原地带，构成了规模宏大而又自成体系的文化遗产景观，是草原丝绸之路上的重要城市遗址，也是内蒙古自治区文化遗产的核心所在。

二　内蒙古文化遗产资源的特色与优势

内蒙古自治区地域辽阔，多山地、草原、沙漠的自然环境特点，加之人为干扰较少，使得地上、地下文化遗存大部分得以完整地保存下来。所以，内蒙古自治区文化遗产最大的特点是保存完整、种类丰富、精品辈出。特别是近几年，内蒙古自治区重要考古发现不断出现，文化遗产保护事业成绩斐然，现已形成具有民族与地域特色的文化遗产体系，彰显内蒙古自治区文化发展的强势与巨大的潜力。

1972年，在盛乐古城南发现的小板申东汉壁画墓，发现保存完好的壁画56组，57幅，榜题250条，是目前研究东汉庄园制度最为完整的实物资料。1986年，在通辽奈曼旗青龙山发掘的辽陈国公主墓，出土三千多件（组）金、银、玉质地的珍贵文物，

赤峰市耶律羽之墓耳室墓门

赤峰市宝山辽墓壁画《寄锦图》

其中金属面具、银丝网络以及璎珞、琥珀饰件堪称辽代文物之奇珍。辽陈国公主墓的考古发掘，被评为"七五"期间全国重要考古发现。1992年，在赤峰阿鲁科尔沁旗发掘的耶律羽之墓，墓内出土了大量金银器皿及五代时期的珍贵瓷器，其中孝子图纹鎏金银壶、盘口穿带白瓷瓶最为名贵。1994年，赤峰阿鲁科尔沁旗发现一座辽代贵族墓葬，墓室内发现了大面积精美的壁画，主要有《贵妃调鹦图》、《织锦回文图》、《高逸图》、《降真图》，壁画题材丰富，对于研究辽代的绘画艺术提供了弥足珍贵的实物资料。2003年，在通辽吐尔基山再次发现一座保存完好的辽代贵族墓葬，墓内出土有精美的彩绘木棺，棺内墓主人身着十层华丽的丝织衣物，伴出有金牌饰、金耳饰、金手镯及成串铜铃等，另外还发现有鎏金铜铎、银角号、包金银马具等大批珍贵文物，显示了辽文化的繁荣与昌盛。上述三项辽代重要的考古发掘，分别被评为1992年、1994年和2003年度的"全国十大考古新发现"。

2003年，位于乌兰察布市察哈尔右翼前旗集宁路古城，发现了一处完整的市肆遗迹及四十余处器物窖藏，出土了釉里红玉壶春瓶、青花高足碗、卵白釉"枢府"铭盘、青釉龟形砚滴、青釉荷叶盖罐、月白釉香炉等珍贵瓷器三百余件，其他瓷器标本上万件。由此，集宁路古城遗址被评为2003年度"全国十大考古新发现"。另外，内蒙古文物工作者还对元上都遗址进行了大规模的考古勘探与发掘。发掘清理了御天门、大安阁、穆清阁等重要文物遗迹，真实地再现了元代皇城的宏伟规模，极大地彰

通辽市吐尔基山辽墓主墓室

显了元上都遗址的突出价值。鉴于元上都的特殊历史地位，联合国教科文组织于2012年将其列入世界文化遗产名录——这是内蒙古自治区第一个世界文化遗产。

　　2009年，赤峰市二道井子夏家店下层文化遗址的考古发掘，揭露面积3500平方米，清理房屋、窖穴、灰坑、墓葬、城墙等遗迹单位近三百处，出土各类文物近千件，该遗址被评为中国社会科学院2009年度"中国六大考古新发现"和2009年度"全国十大考古新发现"。2010年，内蒙古自治区文物考古研究所在通辽市科尔沁左翼中旗舍伯吐镇哈民芒哈发现了一处距今约5500年前的大型史前聚落遗址。共清理出房址43座，墓葬6座，灰坑33座，环壕1条。出土陶器、石器、骨器、蚌器、玉器等文物近千件。特别重要的是，发现了保存完好的半地穴式房屋顶部的木质构架结构痕迹，为近年来东北地区史前考古的重大发现。哈民遗址的考古发掘由此被评为中国社会科学院2011年度"中国六大考古新发现"和2011年度"全国十大考古新发现"。

　　内蒙古自治区也是我国古代岩画资源最为富集的地区。在锡林郭勒盟、乌兰察布市、巴彦淖尔市、阿拉善盟、乌海市等地，发现古代岩画十万余幅，以阴山岩画、曼德拉山岩画、乌兰察布岩画、桌子山岩画最为典型，时代纵跨上万年。这些岩画以古阴山山脉为中心，东西横亘几千公里，堪称世界上最长的、内容最为丰富的古代艺术画廊。长城是集系统性、综合性、群组性于一身具有突出普遍价值的世界文化遗产，它是当今世界上保存最长、辐射面最广、影响最为深远的文化线路。在内蒙古自治区

乌兰察布市集宁路古城清理出的市肆大街遗址

境内共分布有战国燕、战国赵、战国秦、秦代、西汉、东汉、北魏、隋代、北宋、金代、西夏、明代修筑的长城。这些长城分布于全区12个盟市的76个旗县，总计长度达约7570公里，单体建筑、关堡和相关遗存总数达九千六百余处。内蒙古自治区的长城资源总量，占到了全国长城资源总量的三分之一，无论是时代之多还是体量之大，在全国16个有长城分布的省、自治区、直辖市中，都是位居第一。

与考古发现相辅相成的是一大批珍贵文物的出土。目前全区共有馆藏文物50万件（组），其中国家一级文物1790件，二级文物4050件，三级文物6545件。这些文物时代特征鲜明，民族特色浓郁，是内蒙古自治区重要的文化资源。在内蒙古赤峰地区发现的红山文化碧玉龙，堪称"中华之最"，中华文明的曙光。鄂尔多斯市霍洛柴登出土的匈奴王鹰形金冠饰、虎牛咬斗纹金带饰等珍贵文物，是匈奴贵族单于王的重要遗物。乌兰察布市发现的"虎噬鹰"格里芬金牌饰、金项圈，象征着匈奴王权的尊贵与威严。呼伦贝尔市、通辽市、乌兰察布市等地发现的"叠兽纹"、"三鹿纹"金牌饰以及其他的金冠饰、金带饰等文物，都是鲜卑贵族使用的代表性装饰品。赤峰市喀喇沁旗出土的双鱼龙纹银盘、鱼龙纹银壶、波斯银壶，是唐代"草原丝绸之路"上发现的一批重要文物。辽代陈国公主墓出土的黄金面具、龙凤形玉配饰，耶律羽之墓出土的褐釉鸡冠壶、双耳穿带瓶，吐尔基山辽墓出土的彩绘木棺、鎏金宝石镜盒以及造型各异的瓷器、金器、玉器及装饰奢华的马具等，是辽代文物的精品。元上都遗址出土的汉白玉龙纹角柱与柱础，再现了元代皇家宫城建筑的华丽与辉煌的气势。金马鞍是体现蒙古族游牧与丧葬风俗的绝品文物，具有游牧民族"四时迁徙，鞍马为家"的文化特点，又是蒙古贵族"秘葬"风俗习惯的真实反映。而八思巴字的圣旨令牌，是代表元朝皇权的典型文物，既是传达皇帝圣旨与政令的信物，也是蒙元时期军政合一的政治体制特点与国家驿站制度的综合体现。元代瓷器类文物首推青花、釉里红瓷器，其中以包头燕家梁出土的青花大罐，集宁路出土的青花梨形壶、釉里红玉壶春瓶最为珍贵。这些林林总总的文化遗产是内蒙古自治区珍贵的文化资源，是草原文明的主要实物载体，也是草原文化薪火相传的重要实物例证。

三　充分发掘草原文化遗产的重要意义

目前，内蒙古自治区文化遗产保护事业蓬勃发展，取得了累累硕果。重要的考古发现层出不穷，学术研究成果斐然，有力地保障了内蒙古自治区文化事业的健康发展。文化遗产日益成为促进经济社会和谐发展的重要因素，在弘扬中华传统文化、增

锡林郭勒盟元上都古城穆清阁遗址

强国民凝聚力和向心力、建设社会主义和谐社会等方面发挥着不可替代的重要作用。

　　首先，文化遗产的发掘研究夯实了草原文化研究的理论基础。内蒙古地区的一系列重大考古发现，极大地丰富了草原考古学文化的内涵。如通过对内蒙古呼和浩特东郊大窑旧石器遗址的考古发掘，发现属于旧石器文化的石器制造场与其他的人类遗迹，相当于北京周口店第一地点的文化面貌，将内蒙古地区人类的历史提升到了50万年；再如红山文化遗址及典型文物碧玉龙的发现，堪称中国第一缕文明的曙光。红山诸文化考古序列的确立，如同中原地区第一次从地层上明确划定了仰韶文化、龙山文化、商文化的时间序列的意义一样，将中国文明的历史从发端到发展的历史脉络勾勒得一清二楚，填补了中国考古学文化的空白，极大地完善了草原文化研究的序列与谱系。

　　其次，对文化遗产的发掘研究，关系到"两个一百年"奋斗目标和中华民族伟大复兴"中国梦"的实现，也是提高国家文化软实力、建设文化强区的时代需要。文化遗产是一个时代、一个民族文化与文明的物化遗留，是民族文化的精粹，是人们唯一能够看得到、摸得着的文化实体，具有无可比拟的感召力与影响力，也是人类社会可持续发展的重要因子。因此，文化遗产也是人类社会重要的文化资源，对其进行深入

阿拉善盟曼德拉山岩画《狩猎图》

巴彦淖尔市小佘太秦长城遗址

的发掘研究，既是对优秀民族文化的继承与认知，也是为建设文化强区提供精神动力与智力支持。所以，将丰富的文化遗产资源优势转化为强大的发展优势和发展动力，在文化建设上实现新的跨越，这也是提升国家文化软实力、建设文化强区的迫切需要。

再次，对文化遗产的发掘研究，是让文化资源惠及民众的必然要求及有效途径，也是文化大发展、大繁荣的时代需要。文化遗产是国家重要的文化资源，承载的信息量丰富，知名度高，对社会的影响巨大，是丰富人民精神世界、增强人民精神力量的重要介质。人民群众是文化遗产的所有者、鉴赏者和传承者，文化遗产保护必须依靠人民群众，文化遗产保护成果也必须惠及社会，融入社会，为民造福。文化遗产是中华民族文化的结晶，也是中华民族多元一体文化格局的实物见证。弘扬社会主义先进文化，增强全民族文化创造活力，推动文化事业全面繁荣发展，这就是我们实现文化遗产价值的现实需要，也是我们要保护、弘扬文化遗产的根本目的。

呼和浩特是蒙古语音译，意为"青色的城"。呼和浩特市为内蒙古自治区的首府所在地，是全区的政治、文化、教育、经济、科技和金融中心。作为全区12盟市之一的二级行政区，呼和浩特市现辖四个区、一个旗、四个县和四个开发区，分别为新城区、赛罕区、回民区、玉泉区、土默特左旗、托克托县、清水河县、和林格尔县、武川县和金桥开发区、金川开发区、金山开发区、如意开发区。呼和浩特市总面积为1.72万平方公里，全市常住人口近300万。

一　呼和浩特市自然环境概况

呼和浩特市位于内蒙古自治区中部，境内地形地貌大致可分为四大单元，即横贯中部的大青山和东南部的蛮汉山为山地地形，大青山北部属于乌兰察布高原的一部分，大青山南部为呼和浩特平原，呼和浩特平原再向南属于黄土高原一部分的黄土丘陵区。总体地势由东北向西南逐渐倾斜，海拔最高点在大青山的金銮殿山顶部，高度为2280米，最低点在托克托县中滩乡，高度为986米，市区平均海拔高度为1040米。

呼和浩特市属典型的蒙古高原大陆性气候，四季气候变化明显，年温差大，日温差也大。其主要气候特点是，春季干燥多风，冷暖变化剧烈；夏季短暂、炎热、少雨；秋季降温迅速，常有霜冻；冬季漫长、严寒、少雪。年平均气温北低南高，北部大青山区仅2℃左右，南部为6.7℃。最冷月气温为-12.7~-16.1℃，最热月平均气温为17~22.9℃，极端最高气温为38.5℃，极端最低气温为-41.5℃。无霜期在北部山区为75天，在低山丘陵区为110天，在南部平原区为113~134天。年均日照时间为1600小时。年平均降水量为335.2~534.6毫米，主要集中在7~8月，其地域分布是西南最少，年均降水量仅350毫米，平原区在400毫米左右，大青山区在430~500毫米之间。

呼和浩特市市区所处的呼和浩特平原是整个呼和浩特市的中心所在。作为河套平原的一部分，呼和浩特平原具体的地理分布范围为，西起包头市西郊的东乌不拉沟口，东至蛮汉山，北靠大青山，南濒黄河及和林格尔黄土丘陵地带，总体呈倒三角形，系由黄河及其支流大黑河冲积而成。地势由西、北、东三面向南微微倾斜，海拔高度在950～1100米之间。平原东西最长约330公里，南北较窄，西部平均宽约19公里，东部宽达二百余公里，总面积达1万平方公里。平原绝大部分区域土壤肥沃，水源丰富，热量充足，北部又有大青山阻拦了部分蒙古高原寒冷气流和风沙对本地区的影响，为农牧业生产提供了较为优越的水热条件，盛产小麦、玉米、甜菜、胡麻等农作物和各类蔬菜。

二　呼和浩特市历史简述

"敕勒川，阴山下，天似穹庐，笼盖四野。天苍苍，野茫茫，风吹草低见牛羊"。一曲北朝乐府民歌《敕勒歌》，千古流唱，成为千百年来中原及南方生活于农耕区的人们对于北方草原风光的感性认识和美好向往。关于《敕勒歌》中所描写的敕勒川的地望所在，存在一些不同的争议，有认为在今新疆东北部哈密地区的巴里坤草原的，有认为在今山西北部宁武、朔县一带的，有认为在今呼和浩特市、包头市大青山南麓呼和浩特平原一带的，也有认为在今大青山北部乌兰察布草原一带的。

姑置这些争议于不顾，敕勒川和土默川、土默特平原一样，实际上已成为今天呼和浩特平原的几个约定俗成的名称之一。依靠大青山的呵护、黄河水的哺育，呼和浩特平原及其周边地区自古以来就为人类提供了生息繁衍的优良环境，进入历史时期以后更是成为中原农耕文化与北方草原游牧文化不断碰撞交融的场所。呼和浩特市的历史，也是整个河套地区历史的一个缩影。

目前，内蒙古地区发现的最早的旧石器时代遗址，即位于呼和浩特地区。呼和浩特市东郊大窑遗址四道沟地点的石器制造场，起始年代大约在距今七八十万年。在全国范围内的同类遗址中都极为罕见的是，该石器制造场的文化层堆积从旧石器时代早期起，历经旧石器时代中期，一直延续至距今约1.2万年以前的旧石器时代晚期。早期和中期的遗存，除四道沟外，遗址内的其他地点尚无发现；到晚期，同类遗存不仅广布于整个大窑遗址3平方公里多的范围内，而且在周围大青山主脉和支脉的山坡上也发现了多个石器制造场遗址，如呼和浩特市赛罕区榆林镇前乃莫板村脑包梁、新城区保合少镇南水泉村附近等。除旧石器时代遗存外，大窑遗址还发现有距今1.2万～1万年之间的中石器时代文化遗存以及新石器时代仰韶文化的遗迹遗物。从距今7000年以后开始出现的仰韶文化人群，是由中原北上而来的。仰韶文化是约公元前5000～前2500年之间主要分布于黄河中游地区的一种新石器时代文化，以公元前3500年为界，仰韶文化分为前后两期，前后两期之中又各分两期，总共为四期。仰韶文化在呼和浩特地区主要分布于南流黄河东岸和大青山南麓一带。

仰韶文化的人群以从事原始的锄耕农业为主，兼营狩猎和采集经济。大约在公元前

4800年前后，部分仰韶文化一期的人群开始北上进入内蒙古中南部地区，首先来到了乌兰察布市凉城县岱海地区和呼和浩特市、鄂尔多斯市南流黄河沿岸一带。呼和浩特地区的该类遗存，见于今托克托县、清水河县的南流黄河东岸及其支流沿岸地区。到公元前4200～前3500年之间的仰韶文化二期时，仰韶文化进入了一个大发展的时期，对外影响不断扩大。这一时期，仰韶文化的人群由岱海地区和南流黄河沿岸进入到了大青山南麓地区，安营扎寨于大青山南麓的一二级台地之上。当时的呼和浩特平原，湖沼密布，野兽肆虐，大青山南麓地势高亢的一二级台地，为仰韶文化人群提供了较为适宜的生存环境。

到年代约在公元前3500～前3000年之间的仰韶三期之时，仰韶文化内部发生分化，地方类型间的差异增大，受外界影响显著，表明整体文化开始走向衰退。这一时期，整个内蒙古中南部地区仰韶文化的面貌趋于统一，形成了一个相对独立的、以托克托县海生不浪遗址为代表的文化类型[1]。海生不浪类型完全分布于内蒙古中南部境内，而且由于这一时期仰韶文化地方类型的突出化，许多学者倾向于把此类遗存视为内蒙古中南部地区出现的第一个独立的新石器时代考古学文化，这实际上反映了如何看待仰韶文化后期遗存内部分化的问题。

仰韶四期遗存的年代约在公元前3000～前2500年之间，仰韶文化原有的许多文化因素日渐衰落和消失，新的文化因素不断滋长，因此也有人把它看作是仰韶文化和龙山时代之间的一个过渡时代。与整个仰韶文化的没落截然相反，南流黄河沿岸和大青山南麓一带仰韶文化的发展却达到了一个空前的规模，形成了一个独具特点的阿善三期类型。阿善三期类型具有两个明显的特点：一是聚落增多，聚落的规模扩大，出现了石城和祭坛等文明因素；二是陶器种类激增，陶器器形所呈现出的外来文化因素非常广泛。

进入龙山时代以后，直至青铜时代，由于气候的变冷，呼和浩特平原的文化发展陷入了低谷。龙山时代的老虎山文化主要分布于岱海地区和南流黄河沿岸，青铜时代的朱开沟文化主要分布于鄂尔多斯高原，在大青山南麓地带虽然发现有这两类文化遗存的遗物，但均为零星分布，没有大规模的聚落存在。在整个呼和浩特地区，只有今清水河县的南流黄河东岸地区，发现有较多老虎山文化的聚落遗址，与南流黄河西岸同为该文化的一个中心所在。朱开沟文化的遗址，在呼和浩特地区也仅见于清水河县南流黄河东岸一带。

青铜时代继朱开沟文化之后，又兴起了西岔文化。西岔文化的主要分布区，即在清水河县南流黄河东岸一带。该文化以清水河县西岔遗址第三期文化遗存为代表[2]，年代范围约在公元前1500～前1100年之间。其文化特征中的部分因素，明显来自朱开沟文化，如高领鬲、甗、豆等陶器和厚背弯身石刀等。但如侈沿鬲、小口鼓肩罐和鼎等器形不见于朱开沟文化，综合了来自其他多方文化的因素。西岔文化的发现表明，至少从朱开沟文化晚期开始，呼和浩特地区内部开始发生文化的分化，外来文化因素呈不断上升的趋势。

在朱开沟文化和西岔文化相继消失之后，随着在公元前1000年左右北方地区的气候进入了一个干冷低谷期，呼和浩特地区的人类活动处于极度衰弱状态。进入早期铁器时代之后，才又开始活跃起来。如在和林格尔县盛乐古城周边发现了相当于春秋晚期的墓葬[3]，曾出土有"耳铸公剑"铭文青铜剑，经考证为晋文公重耳佩剑，而重耳曾避难于狄，那么盛乐古城周围一带可能即是春秋时期狄人居住的"襄"地，与西汉时期在此地设置"定襄郡"亦相符合。狄人是东周时期活跃于阴山山脉南侧一线的从事畜牧业的人群，可能已带有半游牧的性质。

直至公元前4世纪末期，呼和浩特地区自仰韶文化以来活动人群的人种类型基本没有改变，以古代蒙古人种的古华北类型占据了多数，但是他们的生业方式已由以农业为主、辅以狩猎和采集，转变为半游牧化的畜牧业。这种转变，实际上从朱开沟文化时期已经在缓慢地发生了。呼和浩特地区活动人群及其生业类型的又一大转变，发生在公元前4世纪末期开始的战国七雄之一的赵国的北进。

公元前307年，赵国于赵武灵王在位时期，发动了"胡服骑射"的变革，开始向内蒙古中南部地区发展势力。当时，在呼和浩特地区活动的部族史称楼烦，在鄂尔多斯高原北部地区活动的部族史称林胡，他们均已发展到了游牧阶段。公元前300年赵武灵王北破林胡、楼烦，将呼和浩特地区纳入了赵国的管辖范围，并沿阴山南麓地带修筑了东起今乌兰察布市兴和县大青山西麓、西至今巴彦淖尔市乌拉特前旗乌拉山镇以东一带的长城，于是呼和浩特地区再次为中原农耕民族所占据。而此前活动于这一地区的楼烦等游牧部族，或被并入赵国的农耕民之中，或北遁而成为北方匈奴的组成部分。

从战国一直到秦汉时期，匈奴一直是中原王朝在北方草原上的劲敌。为了防御匈奴人，战国赵和其后的秦、汉王朝都在阴山山脉一线修筑长城，设立军事性质极强的郡县级边城，从而形成了自新石器时代之后呼和浩特地区第二次农业开发的高潮。

战国赵在呼和浩特地区设立了云中郡，秦朝沿袭了战国赵的建制。西汉时期，汉武帝将全国划分为13个刺史部，呼和浩特地区归隶朔方刺史部，自东向西分属定襄、云中、五原三郡管辖，三郡共领39县。王莽时期，中原政权与匈奴关系交恶，匈奴连年侵扰北边郡县，边民大量内徙。东汉初年，五原、朔方、云中、定襄和雁门等原西汉五郡被依附匈奴的地方割据势力卢芳所控制，公元40年卢芳降汉，五郡之地重归于汉。

东汉时期北方的郡县数量较西汉时期大为减少，呼和浩特地区此时归隶于并州刺史部，仍由定襄、云中、五原三郡管辖，不过管辖范围稍有变动，原定襄郡在今呼和浩特平原一带的辖区划归到云中郡治下，三郡共领26县。据《汉书·地理志第八下》和《后汉书·郡国五》等史料记载的统计，从西汉到东汉，定襄、云中、五原三郡共减15县，三郡人口由西汉时的567742人，减至62957人，其中后者还包括了从雁门郡并入定襄郡的善无、中陵两县的人口。三郡人口的锐减，除边郡的动荡、边民的内徙等因素之外，此时大量归附于汉朝的南匈奴人与东汉边民杂居于边郡之间，这些匈奴人没有被计算在东汉王朝的编户之内。公元49年南匈奴款塞之后，呼韩邪单于初居五原西部塞，后入居西河郡美稷县，列置匈奴诸王为扞戍，其中呼和浩特地区有呼衍骨都侯屯云中，他们承担了为东汉守边的职责。

自东汉安帝年间（107～125年在位）开始，北方民族大规模内侵，连年战乱，边郡边民逃徙内迁，至灵帝年间（168～189年在位）很多北边郡县已名存实亡。献帝建安二十年（215年），曹操罢省云中、定襄、朔方、五原等郡，以荒地置新兴郡，领一县以统旧民，实际上东汉政府已失去了对这些地区的控制。

东汉初年以来，时时威胁汉朝边境的北方民族，除原有的匈奴外，又增加了源自东胡系的乌桓与鲜卑二族。公元91年，北匈奴西迁之后，鲜卑迁徙占据匈奴故地，十余万落匈奴人并入鲜卑，鲜卑势力大盛，与东汉时战时和。公元2世纪中叶，鲜卑部落的首领之一檀石槐被推举为鲜卑大人，在弹汗山啜仇水畔（今乌兰察布市兴和县大青山西麓后河流域）建立牙帐，控驭东、中、西三部大人，将内蒙古的北方草原大部纳入鲜卑军事部落大联盟的统治之下，与东汉王朝南北对峙。檀石槐死后，部落联盟瓦解，各部鲜卑"割地统御，各有分界"。曹魏初年，"小种鲜卑"柯比能兼并了鲜卑"东部大人"和步度根集团，统一了漠南至辽河流域一带。235年，曹魏统治者派人刺杀了柯比能，鲜卑的短暂统一再告瓦解。

公元2世纪前期，鲜卑拓跋部从呼伦贝尔草原南迁至今阴山北部一带。2世纪中叶，拓跋部首领推寅是檀石槐部落联盟的西部大人之一。拓跋力微元年（220年），"西部内侵，国民离散"，力微依附于没鹿回部大人窦宾，娶其女，率所部北居长川。248年，窦宾死，力微并其部。258年，力微迁于定襄之盛乐（今和林格尔县盛乐古城）一带，组成了一个以拓跋部为首的部落大联盟，呼和浩特地区开始进入了拓跋鲜卑的统治时期。

昭皇帝禄官时期（295～307年），拓跋鲜卑分为东、中、西三部，分别由禄官、猗㐌、猗卢率领，其中猗卢居于定襄之盛乐故城。猗㐌、禄官先后去世，猗卢统领三部。310年，猗卢被西晋封为代公；313年，城盛乐以为北都，修故平城以为南都；315年，猗卢自称代王。316年，猗卢被其子六修杀害，拓跋部陷入内乱。338年，什翼犍即代王位，340年移都云中之盛乐宫，341于云中故城南八里筑盛乐城，一般称为"云中之盛乐"，以与"定襄之盛乐"相区别。376年，前秦苻坚进攻代国，什翼犍被击败，部落离散，代国灭亡，呼和浩特地区进入了短暂的前秦统治时期。也就是自代王什翼犍以呼和浩特平原为拓跋鲜卑部的统治中心开始，在官方正史《魏书》中首次出现了呼和浩特平原的专名——"云中川"。373年，什翼犍派遣左长史燕凤出使前秦，燕凤向苻坚描绘代国雄风，说道："云中川自东山至西河二百里，北山至南山百有余里，每岁孟秋，马常大集，略为满川。"[4]燕凤描绘的这个云中川，正是今天呼和浩特平原的范围所在，东山是今蛮汉山，西河指今南流黄河，北山是今大青山，南山指今和林格尔县南部的黄土丘陵区。

383年，前秦在与东晋的淝水之战中战败，政权瓦解，拓跋部乘势东山再起，首领拓跋珪于386年正月大会诸部于牛川（今乌兰察布市察哈尔右翼后旗韩勿拉河流域），即代王位，建元登国，不久改称魏王。398年，迁都平城（今大同市），即皇帝位。493年，孝文帝拓跋宏迁都洛阳，不久改姓元氏，北魏亦称元魏。534年，北魏分裂为东魏和西魏，呼和浩特地区归属于东魏。550年，北齐取代东魏；557年，北周取代西魏。580年，北周灭北齐，统一了中国北部。次年，隋朝取代了北周。

北魏时期，北方草原的主要劲敌是柔然人。柔然于5世纪初建立柔然汗国，与北魏长期对峙，北魏在阴山北部草原建军镇，修长城，以作防御。除柔然外，还有敕勒。敕勒人为北魏所征服，在阴山以北草原上长期为北魏戍边。

进入隋朝以后，原来的匈奴、鲜卑、敕勒等北方民族在进入中原之后被不断汉化，同时他们的很多文化因子也融入到中原文化之中。而隋朝在北方则又面临了新崛起的突厥汗国。隋开皇三年（583年），幽州总管李崇击破前来犯塞的突厥，突厥汗国在隋朝的进一步打击下分裂为东、西二部。开皇五年，东突厥沙钵略可汗率领部众进入漠南，投靠隋朝，驻牧于白道川，接受隋朝的管辖。这里的白道川，是当时史料记载的呼和浩特平原的名称，以自北魏时始名白道岭、今大青山的蜈蚣坝而得名。

隋开皇十九年（599年），沙钵略可汗之子都蓝可汗进攻管辖东部的突利可汗，突利大败后率众附隋。隋朝初年的地方行政管理体制为州、县二级制，到炀帝大业三年（607年）改州为郡，以郡领县。在呼和浩特地区，隋朝最早设有云州总管府，后从云州分出胜州，云州和胜州又分别改为定襄郡和榆林郡。定襄郡郡治大利县（约在今清水河县一带）和榆林郡所辖金河县（约在今呼和浩特市大黑河流域）均位于呼和浩特地区，它们被指定为东突厥可汗驻地，隋王朝有行政建制之名，而无具体管理之实，开后来唐王朝大力推行的对边疆民族实行羁縻管理制度的先声。

隋大业十一年（615年），东突厥汗国始毕可汗发兵包围隋炀帝于雁门，与隋朝决裂，不再藩属于隋。中原地区的各割据政权为争取援助，都争相结好于突厥，东突厥汗国以白道川为根据地，控制了内蒙古大部分地区和漠北蒙古高原，盛极一时。

隋亡于唐，唐初慑于突厥的强盛，一直对突厥采取结好绥服的政策。直到唐太宗贞观四年（630年），唐军一举击溃突厥，俘获颉利可汗，东突厥汗国灭亡。唐朝采用建立羁縻府州的制度管理各边疆部族，于贞观四年分别在原颉利可汗、义成可敦的牙帐设立定襄都督府、云中都督府安置突厥余部，归由突厥阿史那氏、阿史德氏分别管领。这些突厥人约有十余万部众，他们同时承担起了为唐朝防御北方新兴的薛延陀汗国的重任。

薛延陀汗国于贞观十九年（645年）为唐朝所灭亡，唐朝在贞观二十三年恢复充实了原来的定襄、云中二都督府，安置突厥部众和薛延陀降户。唐高宗永徽元年（650年），增设单于大都护府，统一管理定襄、云中和呼延三个都督府。唐高宗龙朔三年（663年），将原来在漠北的瀚海都护府迁到漠南的云中都督府（今和林格尔县盛乐古城），与同在此城的单于大都护府合并，并改称为云中都护府，唐高宗麟德元年（664年）又改称为单于大都护府，是为唐朝在漠南地区设立的对突厥诸族实行羁縻统治的最高行政机构。此后，经历了后突厥汗国的兴起与灭亡、回鹘汗国的建立以及"安史之乱"、藩镇割据等局势的更迭动荡，设于漠北的安北都护府移治漠南，期间唐王朝又在漠南地区修筑西、中、东三受降城协助防御后突厥汗国，于是单于大都护府在漠南的绝对统治权风光不再，由护宥诸部的最高一级地方行政机构降格为普通军镇，其行政领属权也不断变更，于唐武宗会昌五年（845年）改称为安北都护府，已失去其实际统治意义。

唐宪宗元和四年（809年），来自准噶尔盆地的西突厥属部——沙陀突厥，开始被唐王朝安置在晋北和呼和浩特地区驻牧，帮助唐朝维护统治，其首领朱邪赤心屡立战功，被赐姓李名国昌，担任振武节度使。唐僖宗乾符二年（875年），黄巢起义爆发，沙陀贵族乘机反唐，割据于呼和浩特地区。乾符五年，吐谷浑乘沙陀出击党项之机，攻入呼和浩特地区，唐僖宗广明元年（880年）李国昌及其子李克用北投阴山达怛，呼和浩特地区陷入了北方部族与唐朝、五代后梁的纷争之中，岁无宁日，此种局面一直到辽朝初年完全控制了呼和浩特地区方告结束。

辽金元时期，呼和浩特地区有丰州、云内州和东胜州三个行政中心为三代所相沿袭，史书中合称为"西三州"，呼和浩特平原在这一时期也称西三州之地。在辽代，西三州之地处于辽朝与西夏对峙的前沿阵地；到金代，除与西夏在呼和浩特西部黄河一线对峙外，阴山以北又面临着蒙古诸部的不断骚扰与进攻。蒙元时期，随着大漠南北、阴山南北、黄河南北、长江南北的混元一统，呼和浩特地区由以前的边疆地区演变为蒙元王朝统治中心"腹里"的重要组成部分，西三州之地东西南北驿道畅通，汉地的财富被大量运输到这一地区，大部分又转运到漠北，供蒙古诸王贵族挥霍享用，呼和浩特地区的城市经济一度达到了一个空前繁荣的程度，工商业成为城市居民的主业。最主要的商品是瓷器和丝绸，蒙古人、汪古人、汉人、西域人等各色人汇聚，原有的佛教、儒学与新来的景教、伊斯兰教并存。从意大利而来的旅行家马可·波罗路经丰州城时，看到了琉璃制造业和驼毛制毡业，听闻了多元的宗教信仰，并对这里妇女的貌美如花留下了深刻印象。

元、明王朝的兴替，以元朝北通大漠为其结局，北方草原上的蒙古部落与明朝长期南北对峙，今天的研究者一般称其为"北元"。明朝初年，在阴山山脉以南一线设置了大量的军事卫所，以防御北元政权的反扑，呼和浩特地区当时建置有东胜卫、镇虏卫、云川卫、玉林卫等。到永乐朝时期，边防政策由"塞王守边"转化为"皇帝守边"，将大量的沿边卫所迁至京畿地区，造成天子拥兵、雄视天下的态势。同时，对边地的指挥系统和兵力部署重新作了调整，修筑长城、关堡，逐渐使沿边驻守大将有了固定的防区和特定的权限，总兵镇守制度开始出现。明长城位于内蒙古高原向黄土丘陵的过渡地带，呼和浩特地区逐渐为南移的蒙古部落所重新占据。

明代中后期，占据呼和浩特地区的是北元六万户之一的土默特万户。土默特万户在阿拉坦汗（1508～1582年）统治时期，以呼和浩特平原为其统治中心，势力不断发展壮大，维护了蒙古右翼三万户的统一稳定。通过多次远征，扩大了土默特万户的驻牧地；招徕大量汉人来呼和浩特平原开荒种田，修筑房屋，发展农业经济，建立了与明朝的和平贡市关系；引进藏传佛教格鲁派，恢复了蒙藏民族间的交往与联系，促进了蒙古族文化的发展。在1572年至1575年的四年时间里，阿拉坦汗依靠汉族工匠在大青山脚下建设了一座新的城市，由明朝皇帝赐名为"归化"，蒙古人按照本民族的习惯称之为"库库和屯"，意为"青色的城市"。这座城市位于辽金元丰州故城的西部，当时的呼和浩特平原因丰州城而称作丰州滩，丰州滩上的库库和屯一直为后代所沿用，不断修缮增筑，发展为今天内蒙古自治区的首府，1572年也就成为呼和浩特建城之始。

1627年，北元察哈尔部大汗林丹汗在女真族所建立的后金政权的逼迫下西迁，沿途击败了喀喇沁、土默特等右翼蒙古部落，占领了归化城。1632年，后金汗皇太极出兵西击林丹汗，林丹汗西逃青海，后金占领了归化城，降服土默特部，于漠南蒙古地区推行盟旗制度的管理办法。由于受到"俄木布反叛事件"的影响，归化城土默特部被1636年国号正式由后金改为大清的清王朝定位为直隶理藩院的内属旗，分为土默特左、右两翼，设置都统进行管辖。清雍正十二年（1734年），为加强对漠北准噶尔汗国的军事防御，清政府筹划在归化城东北5里处建立一座专门驻防八旗军的军事城，乾隆四年（1739年）新城竣工，乾隆皇帝御书城名曰"绥远"，后又设立绥远城将军。乾隆二十八年（1763年），裁撤土默特两翼旗都统，仅保留副都统一名，称为归化城副都统，改由京员简任，受绥远城将军节制。从而，绥远城将军成为管理土默特地区的最高军政长官。

清康熙末年以来，内地的大量汉族移民开始涌入呼和浩特地区，或从事农耕，或经营商业。为了有效地管理这些汉族移民，清政府于呼和浩特地区建立了另一套道厅制的管理体制，隶属于山西巡抚，将汉族移民与当地蒙古族分而治之，逐渐形成了旗管蒙、厅管汉的一地二制格局。具体建制为，乾隆六年（1741年）设立归绥道，归绥道之下辖归化城、和林格尔、托克托、清水河、萨拉齐五厅，并称为"口外五厅"，后又扩展至七厅、十二厅。自近代以来，这些新兴的厅城，与由归化、绥远合并而成的呼和浩特，共同发展成为今天呼和浩特地区的主要城镇。

民国时期，于1928年在绥远建省，以归绥县城区设立归绥市，作为省会。抗日战争时期，日本侵略者将归绥市改为"厚和特别市"。日寇投降后，复称归绥市。1949年9月19日，时任国民党绥远省政府主席的国民党将领董其武，接受中国共产党和平解决绥远问题的主张，率部起义，绥远省及省会归绥获得和平解放。新中国成立后，于1950年1月20日成立归绥市人民政府。1954年3月5日，内蒙古自治区人民政府、绥远省人民政府委员会、绥远省军政委员会、绥远省各界人民代表会议协商委员会在归绥市联合召开扩大会议，绥远省建制和省人民政府同时撤销，原绥远省辖区并入内蒙古自治区，由内蒙古自治区人民政府领导。同时，从1954年4月25日起，将归绥市改名为呼和浩特市，正式成为内蒙古自治区的首府。

三　呼和浩特市文物考古事业的发展

1954年之后，呼和浩特市管辖的旗县（区）几经变更，不断扩大。1960年，原属乌兰察布盟的土默特旗（驻察素齐）划归呼和浩特市；1963年，土默特旗又划归乌兰察布盟；1970年，乌兰察布盟所属土默特左旗（驻察素齐）、托克托县划归呼和浩特市；1995年，乌兰察布盟所属和林格尔县、清水河县划归呼和浩特市；1996年，乌兰察布盟所属武川县划归呼和浩特市；2000年，呼和浩特市市辖区行政区划重新调整，郊区更名为赛罕区，最终确立了今天四区、四县、一旗的行政管理格局。

呼和浩特地区以大窑遗址为主的旧石器时代考古工作，一直由内蒙古博物馆负责开展。1973年，汪宇平调查发现了大窑遗址，于1976年、1979～1983年期间进行过多次发掘，并在遗址附近的大窑村建立了考古工作站。在多年发掘的基础上，汪宇平提出了"大窑文化"的命名[5]，在国内考古学界具有一定的影响。近年来，中国科学院古脊椎动物与古人类研究所联合内蒙古博物院对该遗址做了进一步发掘，发现遗址内至少包含有三种不同的旧石器时代文化类型，从而有望真正揭示这一遗址的文化内涵[6]。

对于新石器时代遗址的考古调查、发掘与研究，是呼和浩特地区考古学研究的一个重点。1960年前后，内蒙古文物工作队的考古工作者在清水河县做过一些零星的调查工作[7]。1960年，内蒙古大学的贾洲杰在清水河县、托克托县的调查成果较为重要，发现十多处仰韶文化遗址和一处龙山文化遗址[8]。1962年，内蒙古社会科学院历史研究所在托克托县、清水河县和准格尔旗共调查仰韶和龙山遗址46处[9]，并对其文化内涵进行了初步总结：第一，内蒙古中南部黄河沿岸分布着两种不同性质的文化，即仰韶文化和龙山文化。在文化内涵上，它们不但与中原地区的仰韶文化和龙山文化基本特征相同，而且也具有某些地域特点。第二，这两种文化都有数量众多且占绝对优势的农业生产工具，充分说明它们都是以农业生产为主的原始氏族部落的文化遗存。第三，这里的仰韶文化可分为两种，一种以清水河县岔河口遗址为代表，另一种以托克托县海生不浪遗址为代表。前者的基本特征更接近于中原地区的仰韶文化，后者有着自己的独特风格，很可能是晚于当地仰韶文化而又早于龙山文化的一种具有地区特点的文化遗存。第四，这里的龙山文化分布较为密集，估计一直分布到大青山脚下。第五，龙山文化遗存中，包含少量细石器，不能因此把龙山文化误认为是"细石器文化"，更不能把一个遗址含有仰韶文化与龙山文化两种遗存的现象，说成是"仰韶文化与细石器文化"的"混合文化"。这几点可以说是当时对内蒙古中南部新石器时代研究的一个初步总结。此后对清水河县白泥窑子遗址和托克托县的调查结果，都没能在此基础上有所突破[10]。

从20世纪80年代起，在以前调查成果的基础上，进入了一个对内蒙古中南部地区的新石器时代遗址进行大规模考古发掘的阶段，随之这一地区的考古学文化谱系得以建立。在呼和浩特地区，1981～1984年，内蒙古社会科学院历史研究所数次发掘了清水河县白泥窑子遗址[11]；1990年，内蒙古自治区文物考古研究所联合清水河县文物管理所发掘了清水河县后城嘴遗址[12]；1990年，乌兰察布博物馆与清水河县文物管理所联合发掘了清水河县庄窝坪遗址[13]；1992年，北京大学考古系、内蒙古自治区文物考古研究所与呼和浩特市文物事业管理处联合发掘了托克托县海生不浪遗址[14]；1996～1998年，内蒙古自治区文物考古研究所发掘了清水河县岔河口遗址[15]；1997年，内蒙古自治区文物考古研究所发掘了清水河县城嘴子遗址[16]。对内蒙古中南部地区的新石器时代考古作较深入研究的考古学者有严文明、崔璇、田广金、许永杰等，而韩建业的《中国北方地区新石器时代文化研究》一书，则是迄今为止资料最为详尽、研究最为全面深入的一部集大成之作[17]。

在呼和浩特地区发现的青铜时代遗址较少，经内蒙古自治区文物考古研究所正式发掘的有清水河县西岔遗址、阳畔墓地、和林格尔县新店子墓地等[18]。进入21世纪初，国家文物局设立了"河套地区先秦两汉时期人类的文化、生业与环境"课题，由内蒙古自治区文物考古研究所承担的部分，主要对清水河县浑河下游以及浑河汇入黄河口的对岸准格尔旗黄河沿岸部分地区做了细致的区域性考古调查，调查面积280平方公里，发现仰韶文化早期至两汉时期的不可移动文物点共367处，并对部分新石器时代的石城址作了航拍，对清水河县下塔石城址、姑姑庵遗址和庄窝坪遗址进行了考古发掘[19]。该项目的主要研究成果尚在整理之中。

战国秦汉时期是中原王朝对内蒙古中南部地区的经略管辖延续时期较长、行政建制设立较多的一个阶段，发现的考古遗存有古城、一般性居址、墓葬和长城等。对呼和浩特地区该类考古学遗存的调查与发掘工作，多由内蒙古自治区文物考古研究所完成，呼和浩特市文物事业管理处、乌兰察布博物馆起到配合的作用。经正式考古发掘的古城有市郊的二十家子古城、陶卜齐古城、清水河县城嘴子古城、和林格尔县盛乐古城和托克托县古城村古城等[20]。托克托县黑水泉遗址经正式发掘，结合出土的"武泉"字样戳印陶文及相关研究，认为是一座汉代的古城遗址，为云中郡武泉县治所[21]。古城下还有大大小小的村落遗址，生居死葬，古城和村落址周围分布着成片的墓葬，以和林格尔县盛乐古城周边、托克托县古城村古城周边发现的墓葬数量最为庞大。资料较为集中的，有《内蒙古中南部汉代墓葬》一书，发表有八拜墓葬、古城村墓葬、盛乐古城墓葬和城麻沟墓葬的考古发掘资料[22]。汉代壁画墓有两项重要的发现，分别为托克托县西汉闵氏壁画墓与和林格尔小板申东汉壁画墓[23]。朝克的《呼和浩特地区长城遗存》一文，以第二次全国文物普查资料为基础，对呼和浩特地区的战国秦汉长城遗迹作了概要介绍[24]。

鲜卑是继匈奴之后在蒙古高原上崛起的强大的北方游牧民族，在呼和浩特地区发现的鲜卑及北魏遗存，以古城和墓葬居多。调查和发掘的古城包括武川县二份子古城[25]、土城梁古城[26]、回民区坝口子古城[27]、和林格尔县盛乐古城、托克托县古城村古城等。汪宇平认为，呼和浩特市坝口子古城即为《水经注》所记之白道城，古城北的大青山蜈蚣坝即白道岭，古城西的乌素图水即白道中溪水[28]。发掘的鲜卑及北魏墓葬，有赛罕区大学路、美岱村、添密梁，土默特左旗讨合气，和林格尔县西沟子村、另皮窑、盛乐古城附近、鸡鸣驿，托克托县皮条沟、苗家窑等[29]。

呼和浩特地区的隋唐考古，所见遗迹亦包括古城和墓葬两个方面。对和林格尔县盛乐古城的考古发掘表明，唐以后的遗存见于中城和北城。李逸友的《内蒙古托克托城的考古发现》一文，考证托克托县东沙岗古城内的"大皇城"遗址，是唐景龙二年（708年）张仁愿所筑的东受降城[30]。石俊贵、刘燕通过对托克托县博物馆征集的一方出土于准格尔旗十二连城古城附近的唐白休徵墓志的考释，认为托克托县蒲滩拐古城是唐宝历元年（825年）张惟清徙修的东受降城，而托克托县旧城北街山梁前沿台地的汉代烽燧南距蒲滩拐古城15公里，与《旧唐书》所记张惟清徙修的东受降城在"绥远烽南"相符合[31]。发掘的唐墓，除和林格尔县盛乐古城周边外，还有和林格尔县大梁、南园子、清水河县山跳峁等[32]。其中，清水河县山跳峁墓地原报告定为五代时期，其墓葬形制、出土遗物等与其他唐墓大体相似，应属于同一时期、同一类型墓葬。

辽金元时期主要是以"西三州"（丰州、东胜州、云内州）为主的遗存。关于丰州所在的赛罕区白塔古城，20世纪70年代末、80年代初，内蒙古文物工作队曾作过勘探发掘工作，但正式发掘报告一直没有发表，相关资料零散见于当时勘探发掘的主持者李逸友的一些研究文章之中。东胜州所在的托克托县东沙岗古城、云内州所在的托克托县西白塔古城，都曾由内蒙古文物工作队做过较为详细的调查[33]。此外，位于清水河县的下城湾古城，为辽金时期的宁边州所在，蒙元时期降格为一个普通的居民点，内蒙古自治区文物考古研究所曾对其进行过正始发掘[34]。

明代初年设置的东胜卫、镇虏卫、云川卫、玉林卫四个卫所均位于呼和浩特地区，对于它们的治所，李逸友在《内蒙古历史名城》一书中有着较为详细的介绍[35]。至于明代中晚期以来的蒙古族历史文化遗迹，除宿白先生曾对呼和浩特地区的几座喇嘛教寺庙有从建筑考古角度的专业考察外[36]，传统考古学已研究得很少，多为一些研究蒙古史的学者在兼做这些研究工作，尤其是对喇嘛教寺庙的研究著作最为多见。近现代以来的重要史迹及代表性建筑亦是如此。近年来，内蒙古工业大学建筑学院师生从建筑学的角度对呼和浩特明清以来存留建筑的研究，取得了显著的成果[37]。

在2006～2012年间开展的第三次全国文物普查中，呼和浩特市共调查登录不可移动文物点1534处，其中复查859处，新发现675处。目前，呼和浩特市有全国重点文物保护单位17处，包含了22个不可移动文物点；有自治区级重点文物保护单位42处，包含了45个不可移动文物点；经不完全统计，呼和浩特市及所属旗县（区）现有市县级重点文物保护单位78处，包含了80个不可移动文物点。

注释

[1] 北京大学考古系、内蒙古自治区文物考古研究所、呼和浩特市文物事业管理处：《内蒙古托克托县海生不浪遗址发掘报告》，《考古学研究（三）》，科学出版社，1997年。

[2] 内蒙古自治区文物考古研究所、清水河县文物管理所：《清水河县西岔遗址发掘简报》，《万家寨水利枢纽工程考古报告集》，远方出版社，2001年。

[3] 内蒙古自治区文物考古研究所：《和林格尔县土城子古城考古发掘主要收获》，《内蒙古文物考古》2006年第1期。

[4] 《魏书》卷二四《燕凤传》。

[5] 汪宇平：《大窑村南山的原始社会文化》，《内蒙古社会科学》1987年第3期。

[6] 徐延、汪英华、陈福友：《内蒙古大窑遗址考古发掘的新收获》，《中国文物报》2013年1月18日。

[7] 李逸友：《清水河县和郡王旗等地发现的新石器时代文化遗址》，《文物参考资料》1957年第4期；汪宇平：《内蒙古清水河县白泥窑子村的新石器时代遗址》，《文物》1961年第9期；汪宇平：清水河县台子梁的仰韶文化遗址》，《文物》1961年第9期。

[8] 贾洲杰：《内蒙古中南部考古调查》，《考古》1962年第2期。

[9] 内蒙古历史研究所：《内蒙古中南部黄河沿岸新石器时代遗址调查》，《考古》1965

年第 10 期。

[10] 内蒙古历史研究所：《内蒙古清水河县白泥窑子遗址复查》，《考古》1966 年第 3 期；吉发习：《内蒙古托克托县新石器时代遗址调查》，《考古》1978 年第 6 期。

[11] 崔璇：《白泥窑子考古纪要》，《内蒙古文物考古》总第 4 期，1986 年；崔璿、斯琴：《内蒙古清水河白泥窑子 C、J 点发掘简报》，《考古》1988 年第 2 期；崔璿：《内蒙古清水河白泥窑子 L 点发掘简报》，《考古》1988 年第 2 期；内蒙古社会科学院历史研究所考古研究室：《清水河县白泥窑子遗址 K 点发掘报告》，《内蒙古文物考古文集（第二辑）》，中国大百科全书出版社，1997 年；内蒙古社会科学院历史研究所考古研究室：《清水河县白泥窑子遗址 A 点发掘报告》，《内蒙古文物考古文集（第二辑）》，中国大百科全书出版社，1997 年；内蒙古社会科学院历史研究所考古研究室：《清水河县白泥窑子遗址 D 点发掘报告》，《内蒙古文物考古文集（第二辑）》，中国大百科全书出版社，1997 年。

[12] 内蒙古自治区文物考古研究所、清水河县文物管理所：《清水河县后城嘴遗址》，《内蒙古文物考古文集（第二辑）》，中国大百科全书出版社，1997 年。

[13] 乌兰察布博物馆、清水河县文物管理所：《清水河县庄窝坪遗址发掘简报》，《内蒙古文物考古文集（第二辑）》，中国大百科全书出版社，1997 年。

[14] 北京大学考古系、内蒙古自治区文物考古研究所、呼和浩特市文物事业管理处：《内蒙古托克托县海生不浪遗址发掘报告》，《考古学研究（三）》，科学出版社，1997 年。

[15] 王大方、吉平：《内蒙古岔河口遗址考古新发现》，《丝绸之路》1998 年第 6 期。

[16] 内蒙古自治区文物考古研究所：《清水河县城嘴子遗址发掘报告》，《内蒙古文物考古文集（第三辑）》，科学出版社，2004 年。

[17] 韩建业：《中国北方地区新石器时代文化研究》，文物出版社，2003 年。

[18] 内蒙古自治区文物考古研究所、清水河县文物管理所：《清水河县西岔遗址发掘简报》，《万家寨水利枢纽工程考古报告集》，远方出版社，2001 年；曹建恩：《内蒙古中南部商周考古研究的新进展》，《内蒙古文物考古》2006 年第 2 期；内蒙古自治区文物考古研究所、乌兰察布市博物馆：《内蒙古和林格尔县新店子墓地发掘简报》，《考古》2009 年第 3 期。

[19] 内蒙古自治区文物考古研究所：《2006 年清水河县庄窝坪遗址发掘简报》，《内蒙古文物考古》2007 年第 1 期；雷生霖：《内蒙古航空遥感考古新进展——浑河下游区域性航空考古研究与思考》，《草原文物》2012 年第 1 期。

[20] 张郁、陆思贤：《呼和浩特市郊区二十家子汉代城址出土的封泥》，《内蒙古文物考古文集（第一辑）》，中国大百科全书出版社，1994 年；内蒙古自治区文物考古研究所：《呼和浩特市榆林镇陶卜齐古城发掘简报》，《内蒙古文物考古文集（第二辑）》，中国大百科全书出版社，1997 年；内蒙古自治区文物考古研究所：《清水河县城嘴子遗址发掘报告》，《内蒙古文物考古文集（第三辑）》，科学出版社，2004 年；内蒙古文物工作队：《和林格尔县土城子试掘记要》，《文物》1961 年第 9 期；张郁：《内蒙古和

林格尔县土城子古城发掘报告》，《考古学集刊》第 6 集，中国社会科学出版社，1989
年；内蒙古自治区文物考古研究所：《和林格尔县土城子古城考古发掘主要收获》，《内
蒙古文物考古》2006 年第 1 期；内蒙古自治区文物考古研究所、托克托县博物馆：《托
克托县古城村古城遗址发掘报告》，《内蒙古文物考古文集（第三辑）》，科学出版社，
2004 年。

[21] 内蒙古自治区文物考古研究所、托克托县博物馆：《托克托县黑水泉遗址发掘报告》，《内
蒙古文物考古文集（第三辑）》，科学出版社，2004 年。

[22] 魏坚编著：《内蒙古中南部汉代墓葬》，中国大百科全书出版社，1998 年。

[23] 罗福颐：《内蒙古自治区托克托县新发现的汉墓壁画》，《文物参考资料》1956 年第 9 期；
内蒙古文物工作队、内蒙古博物馆：《和林格尔发现一座重要的东汉壁画墓》，《文物》
1974 年第 1 期。

[24] 朝克：《呼和浩特地区长城遗存》，《内蒙古文物考古》1994 年第 2 期。

[25] 乌兰察布博物馆：《武川县二份子北魏古城调查记》，《内蒙古文物考古文集（第一辑）》，
中国大百科全书出版社，1994 年。

[26] 张郁：《内蒙古大青山后东汉北魏古城遗址调查记》，《考古通讯》1958 年第 3 期；苏
哲：《内蒙古土默川、大青山的北魏镇戍遗迹》，《国学研究》第三卷，北京大学出版社，
1995 年。

[27] 汪宇平：《呼和浩特市北部地区与"白道"有关的文物古迹》，《内蒙古文物考古》总
第 3 期，1984 年；苏哲：《内蒙古土默川、大青山的北魏镇戍遗迹》，《国学研究（第
三卷）》，北京大学出版社，1995 年。

[28] 汪宇平：《呼和浩特市北部地区与"白道"有关的文物古迹》，《内蒙古文物考古》总
第 3 期，1984 年。

[29] 郭素新：《内蒙古呼和浩特北魏墓》，《文物》1977 年第 5 期；内蒙古文物工作队：《内
蒙古呼和浩特美岱村北魏墓》，《文物》1962 年第 2 期；原平：《鲜卑金饰牌及篦纹陶
罐》，《呼和浩特文物》第 1 期；伊克坚、陆思贤：《土默特左旗出土北魏时期文物》，《内
蒙古文物考古》总第 3 期，1984 年；乌兰察布盟文物工作站、和林格尔县文物管理所：
《内蒙古和林格尔西沟子村北魏墓》，《文物》1992 年第 8 期；内蒙古博物馆、和林格
尔县文化馆：《和林格尔县另皮窑村北魏墓出土的金器》，《内蒙古文物考古》总第 3
期，1984 年；内蒙古自治区文物考古研究所：《和林格尔县土城子古城考古发掘主要
收获》，《内蒙古文物考古》2006 年第 1 期；苏俊、王大方、刘幻真：《内蒙古和林格
尔北魏壁画墓发掘的意义》，《中国文物报》1993 年 11 月 28 日；金学山：《内蒙古托
克托县皮条沟发现三座鲜卑墓》，《考古》1991 年第 5 期；石俊贵主编：《托克托县文
物志》，中华书局，2006 年。

[30] 李逸友：《内蒙古托克托城的考古发现》，《文物资料丛刊（第 4 辑）》，文物出版社，
1981 年。

[31] 石俊贵、刘燕：《准格尔旗十二连城出土的唐代墓志与东受降城的地望》，《内蒙古文

物考古文集（第三辑）》，科学出版社，2004 年。

[32] 孙建华：《和林格尔县大梁村唐代李氏墓》，《内蒙古文物考古》1996 年第 1、2 期；内蒙古自治区文物考古研究所、和林格尔县文物管理所：《和林格尔县南园子墓葬清理简报》，《内蒙古文物考古文集（第二辑）》，中国大百科全书出版社，1997 年；内蒙古自治区文物考古研究所、乌兰察布博物馆、清水河县文物管理所：《内蒙古清水河县山跳峁墓地》，《文物》1997 年第 1 期。

[33] 李逸友：《内蒙古托克托城的考古发现》，《文物资料丛刊（第 4 辑)》，文物出版社，1981 年；张郁：《呼和浩特西白塔古城》，《内蒙古文物考古》总第 3 期，1984 年。

[34] 内蒙古自治区文物考古研究所：《清水河县下城湾古城发掘报告》，《万家寨水利枢纽工程考古报告集》，远方出版社，2001 年。

[35] 李逸友：《内蒙古历史名城》，内蒙古人民出版社，1993 年。

[36] 宿白：《呼和浩特及其附近几座召庙殿堂布局的初步探讨》，《文物》1994 年第 4 期。

[37] 张鹏举主编：《内蒙古藏传佛教建筑》1、2、3,中国建筑工业出版社,2012 年；方旭艳：《呼和浩特牛东沿天主教堂建筑研究》，《内蒙古工业大学学报（自然科学版）》2010 年第 2 期；方旭艳：《呼和浩特清真大寺建筑考察与研究》，《建筑与文化》2014 年第 5 期。

文化遗产

文化遗产 目录

石器时代

第三次全国文物普查的成果显示，呼和浩特市境内共有石器时代遗址151处，其中包括旧石器时代遗址三处、新石器时代遗址148处。

大窑遗址是呼和浩特市旧石器时代遗址的代表。但从目前考古发掘的成果来看，旧石器时代的大窑文化遗存与呼和浩特地区的新石器时代人群并没有明显的文化传承关系。

在新石器时代早期，包括呼和浩特市在内的北方地区处于文化相对空缺状态，此后，由于气候的改善，中原地区人口出现暴涨，仰韶文化的农业居民在仰韶一期晚段之时开始大规模向北方地区迁徙垦殖。分布于华北平原的镇江营一期晚段遗存，顺着洋河河谷，通过黄旗海到达岱海，或者沿着桑干河河谷，通过大同盆地来到岱海，同时半坡类型也溯黄河北上。两个类型的人群在内蒙古中南部相遇，由冲突到相安，融合成一个相对统一体，对仰韶文化共同体的形成起到了关键性的作用。仰韶二期时，仰韶文化东、西部之间的文化统一性大为增强，因而形成空前统一的局面，有学者称之为仰韶文化庙底沟时代，标志着文化上"早期中国"的形成。从仰韶三期开始，内蒙古中南部地区的文化独立性加强，形成了以托克托县海生不浪遗址为代表的海生不浪类型。

仰韶四期至龙山时代，内蒙古中南部地区出现了大量的石城址，呼和浩特市的石城址集中于南流黄河东岸的清水河县境内。这些石城是在气候变化的大背景下，定居农业人群适应生存环境变化、抵御游猎人群的产物。它们虽然不是城市，但却是城市的雏形，是兼具军事性质的城寨，它们的出现标志着内蒙古中南部地区已经成为农业民族与游猎民族、农业文明与草原文明的碰撞地带。

1 新城区大窑遗址

撰稿：张文平
图片采自国家文物局主编《中国文物地图集·内蒙古自治区分册》（上）

全国重点文物保护单位。

位于新城区保合少镇大窑村南山坡上，由多个石器制造场和人类活动地点组成，广布于遗址区3平方公里多的范围内。

1973年，内蒙古博物馆汪宇平先生调查发现大窑遗址，并于1976年、1979～1983年进行过多次发掘。近年来，中国科学院古脊椎动物与古人类研究所联合内蒙古博物院对该遗址做了进一步发掘。

大窑遗址是内蒙古地区目前发现的最早的旧石器时代遗存，起始年代大约在距今七八十万年。在全国范围内的同类遗址中都极为罕见的是，该遗址的旧石器时代文化层堆积从旧石器时代早期起，历经旧石器时代中期，一直延续至距今约1.2万年以前的旧石器时代晚期。早期和中期的遗存，除四道沟外，遗址内的其他地点尚无发现；到晚期，晚期遗存不仅广布于整个大窑遗址的分布范围内，而且在周围大青山主脉和支脉的山坡上也发现了多个石器制造场，如呼和浩特市赛罕区榆林镇前乃莫板村脑包梁、新城区保合少镇南水泉村附近和乌兰察布市卓资县哈达图乡火石窑沟等。

大窑遗址从旧石器时代早期至晚期的

遗址远景

地层剖面

打制石器,其制造传统保持了一定的延续性,如以大型石器为主,但存在向小变化的趋势;器物组合以刮削器占主要地位,砍砸器次之,尖状器不发达,其中龟背形刮削器是最富特色的器物。遗址内分布着由太古代花岗片麻岩和燧石构成的小山,燧石质地坚韧,易击打成形,是制造石器的理想材料。在遗址范围内,遍布人工打制的石器和石料。1979~1983年进行的考古发掘,出土了大量石器,主要有石核、石片、刮削器、尖状器、石锤、石球等,尤以刮削器为多。在早期地层中,发现有肿骨大角鹿化石;在中晚期的地层中,出土了原始牛、扭角羚羊和披毛犀等动物的

出土的肿骨鹿化石

出土的石器

化石。

汪宇平先生将整个遗址的文化层堆积分为五个时期,除旧石器时代早期、中期、晚期外,还发现了中石器时代和新石器时代的遗存。中石器时代的文化遗存发现于兔儿山北坡二道沟北口内,1976年发掘了一个探方,出土石核1件、石片12件、刮削器5件。新石器时代的文化遗存发现于1985年,位于兔儿山南坡,有三处残破灶址,地表散布大量的陶片和石器等。陶片以褐陶为主,红陶次之,彩陶仅见一片,纹饰为细绳纹,器类有罐、钵、瓮等。石器以刮削器居多。

近年来中国科学院古脊椎动物与古人类研究所联合内蒙古博物院对遗址二道沟地点的试掘,发现遗址内至少包含三种不同的文化类型;出土石制品类别包括石核、石片、工具,还有断块和残片,以断块和残片数量最多,工具以边刮器为主;石制品原料全部为燧石岩块,剥片技术和加工技术均为硬锤,属于中国北方的石核-石片-刮削器主工业范畴。发掘者认为,大窑遗址作为一个遗址群,地处欧亚草原与中原地区的过渡地带,又是东西方旧石器文化传播的重要枢纽点,拥有得天独厚的燧石原料,被古人类长时间连续利用,遗址年代跨度从旧石器时代早期直到新石器时代,文化特征丰富多样。该遗址的研究,将会涉及中国旧石器时代南北主工业二元结构和若干区域性文化变体、中国北方石叶和细石叶起源与传播、晚更新世以来人类适应方式变化和现代人起源等多个科学问题,学术意义重大。

▌▌2▐▐ 清水河县白泥窑子遗址

撰稿：党郁
摄影：孙金松

位于清水河县喇嘛湾镇白泥窑子村西的台地之上，南侧为较大的冲沟。遗址由于分布范围较广，坡地靠近冲沟的部分被冲沟分割得支离破碎，遗址整体面积约五万平方米，文化层厚0.1~1.5米。

白泥窑子遗址最早发现于1958年，1962年内蒙古社会科学院历史研究所又进行了复查。1981~1984年，内蒙古社会科院历史研究所进行了为期四年的调查和发掘，分为多个发掘地点，发掘面积1325平方米。通过多次的调查和发掘，目前可知该遗址共有五种文化遗存，时代从仰韶早期延续至青铜时代早期，分别为仰韶一期遗存、仰韶三期海生不浪类型、仰韶四期阿善三期类型、老虎山文化和朱开沟文化。

仰韶一期遗存的房址为长方形半地穴式，正中有狭长的斜坡式门道。灶坑位于居住面中部靠近门道处，有圆形坑灶，也见有瓢形灶，多为下挖式，个别可见用石

遗址全貌航拍图

海生不浪类型房址

道两侧也立有石板。房屋内多在灶后有对角排列的四个柱洞，在后墙正中对着门道有一较大的柱洞，柱洞内填以碎陶片和小石块。

遗物有陶器、石器等。陶器可分为夹砂陶和泥质陶两类，夹砂陶胎体较为粗糙，器壁不甚规整，陶色多为红褐色、褐色和灰褐色，装饰有弦纹、细线纹、附加堆纹等，器形多见弦纹罐、大口瓮和火种炉等；泥质陶多为红褐色，器形有钵、壶、盆、瓮和小口尖底瓶等。彩陶多见于钵、盆，装饰有黑彩带纹、圆点、钩叶、弧线三角纹等。石器有打制石器、磨制石

板砌成。居住面经过泥抹烧烤，墙壁有的也经过烧烤，有的呈红色，有的呈青灰色。房址门向随台地的地形略有差异，斜坡式门道有的为自然石板铺就，有的门

器和细石器等。打制石器有砍砸器、敲砸器等，磨制石器有石球、带孔石刀等，细石器有镞、刮削器、石叶、石核等。

仰韶三期海生不浪类型的房址形制有长方形、梯形半地穴式，居住面上多铺有白沙泥烧烤而成的硬面，门向依据地形而不同。房内可见柱洞，多为四个，柱洞周边抹有硬泥。灶坑多位于房屋中部或东南，为灶坎略高于居住面的圆形坑灶。个别房址的门外发现有防护沟，可防止雨水的侵害。

出土遗物以陶器、石器和骨器为主。陶器有泥质橙黄陶、红陶等，夹砂陶多

为红褐陶。器形有小口双耳罐、盆、钵、侈沿罐、瓮、喇叭口尖底瓶等，纹饰多绳纹、附加堆纹、篮纹也占一定比例。彩陶较多，纹饰多样，有平行线纹、网格纹、弧线三角纹等。工具多为石器和骨器，也有少量陶制品。磨制石器有斧、砍砸器、石球、铲、磨盘、磨棒和磨石等，细石器有刮削器、石叶和镞等，骨器有针、锥等，陶制品的工具有纺轮、刀和铲等。

仰韶四期阿善三期类型的房址仍为长方形半地穴式，门道多为内斜坡式。居住面为泥抹后火烤而成，近门道处可见地面灶，周边可见灶坎。地穴内周和房屋内皆有柱洞。遗物多为泥质灰陶，器壁较薄，大部分施有篮纹，口部或领部多装饰有多层的附加堆纹。石器多为磨制而成，有刀、斧、磨棒、磨盘等。

老虎山文化的房址为长方形半地穴式，门道为长方形斜坡状，居住面流行白灰面。典型遗物有泥质灰陶和夹砂灰陶的斝、瓮、双耳罐、折肩罐、敞口盆等。夹砂陶器体多较为厚重，有双鋬宽裆鬲、绳纹夹砂罐、高领折肩罐等。

朱开沟文化的遗存较少，发现有呈"吕"字形的双连间房址。遗物也较少，可见有蛇纹鬲、甗、三足瓮等器物。

白泥窑子遗址是内蒙古中南部地区发现的一处少有的包含有多个史前文化的大型遗址，几乎涵盖了内蒙古中南部地区新石器时代中、晚期及早期青铜时代的所有文化类型，对于了解内蒙古中南部地区史前考古学文化谱系、内涵和发展进程均具有重要意义。

‖‖ 3 ‖‖ 托克托县海生不浪遗址

撰稿：党郁
图片采自《内蒙古托克托县海生不浪遗址发掘报告》

托克托县重点文物保护单位。

位于托克托县中滩乡海生不浪村北约100米处，地处黄河北岸平缓的三级阶地上，距离黄河仅1公里。遗址所处阶地地势较为平坦，两侧为沟谷，面积约5万平方米。

最早在20世纪60年代前期就对海生不浪遗址进行过调查，1978年又进行了详细调查，到20世纪80年代随着内蒙古中南部地区仰韶文化遗址的不断发掘，出现了一些关于该类文化遗存命名问题的争论。1992年，为了解决文化命名问题和对该类遗存进行准确定位的相关课题要求，北京大学考古系和内蒙古自治区文物考古研究所等单位联合对该遗址进行了发掘。此次发掘，发现有仰韶文化三期和朱开沟文化两类遗存，其中以仰韶三期遗存为主，发现有房址8座、灰坑32座、窑址1座。其中房址集中于第二发掘区，房屋门向朝东南，周围有长方形和圆形窖穴，陶窑也位于该发掘区内。朱开沟文化遗存较少，发现有房址、窖穴等。

仰韶三期遗存的房址除一座为半地穴式外，其余皆为地面式。地面式房址的建筑方法为先在坡地上挖出平整的地面，之

后在后部和两侧筑出土墙，或者不筑出土墙而直接在平地上建房。房屋均为圆角长方形，面宽大于进深，居住面以白黏土铺垫。房屋中、后部多设有双灶，前为圆形坑灶，后为方形或圆形地面坎灶，灶后一般有一个窖穴。从发掘情况来看，地面式房屋的柱洞较为零乱，因为承重的主要是土墙，而柱子仅起到辅助作用。

唯一的一座半地穴式房址，平面为长方形，在居住面的横轴线上有三个大柱

遗址地表散落的陶片

遗址近景

房址

灶坑

洞，柱洞壁抹白泥，底部垫陶片，后壁有一排小柱洞。根据发掘情况，此半地穴房址复原起来应该是前后两面坡式的建筑，门道外有较大的活动面。

陶窑一座，窑室由两个半圆形室组成，皆呈口小底大的袋状，由前往后、由口往里倾斜成坡状。窑室上部残，窑箅全部塌陷，室内堆积为草拌泥、烧土块及灰土。整个窑室用白碱泥筑有两道边壁，室内周壁及底部皆抹有一层草拌泥，且经过烧结。窑室后边的火道呈扁筒状，顶部为拱状，底部为坡状，至窑室处被隔梁分成两股，分别与两室相通。火道末端至窑

室之间有斜坡，抹有草拌泥。火膛呈长方形，竖穴式。窑室内出土有陶片，器形有小口双耳罐、钵、尖底瓶等。

遗物有陶器、石器、骨器等。陶器有夹砂陶和泥质陶，其中泥质陶少于夹砂陶，夹砂陶以灰陶居多，少量为红褐色陶。纹饰以绳纹为主，也见篮纹、网格纹，附加堆纹多见于器物颈部。器形以侈沿罐为主，其次也见瓮、缸，少量为筒形罐。泥质陶以灰陶为主，也见红陶、橙黄陶、黄褐陶等，纹饰多为素面，还见有篮纹。器形有小口双耳罐、敛口折腹钵、敛口钵、喇叭口尖底瓶、盆等。此外，彩陶较多，多为黑彩，也见紫彩、红彩等，多见于钵、盆、小口双耳罐上，纹饰有平行线纹、弧线纹、鱼鳞状纹、三角纹、网格纹等。

工具较少，鲜见大型砍砸类工具。陶刀较为多见，石器有刀、斧、磨棒、砧、刮削器等，骨器有锥、凿等。

朱开沟文化遗存较少，非该遗址的主要文化遗存。仅发现三座房址，皆为长方形半地穴式，其中一座为双间。遗物较少，仅见少量的蛇纹鬲、瓮和杯等陶器的残片。

海生不浪遗址的主体文化为仰韶三期遗存，凭借着其发现较早、文化面貌较为单纯，后来学界将内蒙古中南部仰韶三期遗存称作"海生不浪类型"，甚至有人直接命名为"海生不浪文化"。本遗址的发掘和研究，对仰韶三期遗存的内涵和分期研究有了更深入的认识。海生不浪遗址作为内蒙古中南部地区一处重要的以仰韶三期遗存为主的遗址，为之后发掘的同类遗址提供了可资比较的材料，也为深入研究内蒙古中南部地区新石器时代文化奠定了坚实的基础。

‖‖‖ 4 ‖‖‖ 赛罕区沟口子遗址

撰稿：武成
摄影：武成

位于赛罕区黄合少镇沟口子村西约500米的大西梁北坡，于第二次全国文物普查中发现，第三次全国文物普查又做了复查。

2012年5～8月，内蒙古自治区文物考古研究所与呼和浩特市博物馆联合对沟口子遗址进行了发掘，发掘面积500平方米。

遗址文化层厚0.25～0.4米，遗迹现象不多，共发现房址两处、灰坑六个、灰沟一条。房址为长方形半地穴式，有较硬的踩踏地面，前墙中间有凸斜坡门道，未见灶和柱洞。灰坑分布于房址周

出土的石器

2012年遗址发掘区全景

出土的石器

围，有方形、圆形两类，均为直壁、平底式。

出土陶器器类有罐、深腹瓮、钵等，典型者为颈部多饰一周附加堆纹的鼓腹罐和深腹瓮。生产工具为磨制石器、打制石器和细石器共存，还有骨角器和陶制工具等。石器种类很多，有斧、磨盘、磨棒、砍砸器、球等，细石器有刮削器、尖状器、镞以及石核、石叶、石片等，还有石环等。其中窄首宽刃石斧、凹体磨盘等均具有特色，为典型器物。陶制工具有陶刀，骨器有锥和针等。

从器物类型对比来看，沟口子遗址出土陶器与内蒙古中南部地区新石器时代仰韶文化三期海生不浪类型相似，属于同一类型遗存。

5 ▏▎清水河县下塔石城址

撰稿：党郁
摄影：孙金松

位于清水河县王桂窑乡下塔村北黄河东岸的坡地之上，海拔约1200米。城址于2005年浑河流域区域性考古调查时发现，2005～2006年由内蒙古自治区文物考古研究所先后进行了两次试掘，发掘面积累计5000平方米。

下塔石城整体坐落于一坡地之上，依地势和冲沟而建，利用黄河、冲沟、城垣形成一个完善的防御体系。从目前的保存状况来看，可见城垣分为内、外两重构建，分布范围东西宽约400米，南北长约700米。内城略呈不规则形，外城略呈弧形，均依山势而建。

现存城墙保存较好，主要为两道东城墙，依据地势由东向南、北两侧弯曲，而南、北两侧大部分及西侧为冲沟和黄河天堑，故石城主要构筑为近半圆形的弧形墙。内城墙长500米，外城墙长约600米，城墙现存高度约1～2米。内、外城墙上均可见豁口，为城门遗迹。从地表情况来看，发现有城门遗迹三处、马面遗迹21处，绝大部分分布于内、外城东城垣之上。

通过两年的发掘，目前已将三处城门遗迹、五处马面遗迹发掘完毕，并对部

分地段的城垣进行了清理和解剖，大致弄清楚了城墙的结构和建筑方法。内城东城墙为石建筑，选取周边白色的板岩作为建筑材料，层层垒砌而成。城墙外侧可见护

石城址航拍图

外城墙发掘场景

内城墙局部

杂，城门两侧可见夯土版筑而成的马面建筑，中间为黄土版筑而成，外侧包砌有石块。建筑内有踩踏面和黄土堆砌的小隔墙等。城门处可见倒塌的木板，形制大略呈长方形，应为木质城门。城门下方存有长条形门槛凹槽，内亦可见木板残痕。

现存的21处马面中，19处分布于东侧两道城墙之上，其中外城东墙上存九处，马面之间相隔10～20米不等，形制大小不一。目前已完成五处马面的试掘工作，其中1～3号马面位于内城东城墙之上，4号和5号马面位于外城东城墙之上。所清理马面大小不一，但均呈长方形，底部由大型石块构建，其上为石片层层垒砌而成，石片之间用泥土填充。个别马面西侧墙体之上存有豁口，可能为进出马面之通道。马面内部均存有明显的踩踏面和烧火痕迹，应为活动、居住的场所。

外城东城墙与内城东城墙之上的城门有较大的差异，最为明显的即为修筑城门所用石材的不同，1号城门以坚固的白色页岩为主，而2号和3号城门则以疏松的红色砂岩为主。依据城门发掘的具体情况，内城城门的石墙内侧环绕有数道夯土墙，并存有东西向隔墙，南、西两侧有出入城门通道，存有门槛。而外城城门的石墙内侧无夯土墙环绕，存有东西向隔墙，南、西两侧有出入城门通道，存有门槛。这些建筑技术和用材的差异，表明其修筑年代的早晚差异，城墙的营建已经具有分期的意义。

此外，对城内进行的小范围试掘，发现有半地穴式白灰面房址、灰坑等遗迹。遗物有陶器、石器和骨器等。其中陶器以泥质灰陶为主，夹砂陶多为泥质灰褐陶。

坡，呈斜坡状堆积。

现存的三处城门中，1号城门位于内城东城墙之上，2、3号城门均位于外城东城墙之上。内城东城墙的城门结构较为复纹饰有篮纹、绳纹和附加堆纹等，器形有双耳罐、双錾鬲和敛口瓮等。石器为刀、斧等。

依据发掘的马面和城门的特征来看，已经基本具备了历史时期此类建筑的特征，而且马面设施还明显先进于中原地区，瓮城与马面的出现极大地提升了城址的防御能力。该城址的发掘为内蒙古中南部地区乃至全国的史前城址研究提供了崭新的资料，其中城门的构造完全不同于以前所发掘的一些新石器时代城址城门、门房之类的建筑，已有固定的出入口及与其相配套的诸多附属设施。另外，城内遗迹中采用的版筑技法与郑州西山城址版筑方法几乎一致，与内蒙古中南部地区已发掘的同时期城址的建造方法存有较大区别。

下塔石城址是内蒙古中南部黄河沿岸地区目前发现的较大石城之一，在这一区域分布着大大小小十余座石城，且保存相对较好。下塔石城址的发掘，为了解内蒙古中南部地区不同时期的石城结构提供了极为重要的证据，将仰韶文化阿善三期类型的石城和老虎山文化的石城从形制和结构上区别开来。下塔石城址墙体结构由石墙和夯土墙组合，有马面、角楼、城门及门房设施等组成较为完备的防御体系，是本地区典型的老虎山文化时期石城的构造。此类石城的深入研究，为探讨内蒙古地区龙山时代的石城结构、建造技术、聚落形态、社会形态以及早期文明的演进，均具有重要的学术意义。

内城墙城门

青铜时代

朱开沟文化在公元前1700～公元前1500年期间达到了极盛，成为北方地区独霸一方的势力，对外关系积极活跃，已步入"方国"文明阶段。到晚期时，随着气候的日趋干冷，朱开沟文化开始衰落，最后向南迁徙发展为李家崖文化。朱开沟文化从早期到晚期的生态环境，是由森林草原向草原演变，经济形态也从以农业为主、以家畜养殖为辅向半农半牧转化，李家崖文化延续了这种发展态势。经济基础的改变，导致了意识形态和风俗习惯的变化，象征畜牧业文化的鄂尔多斯式青铜器成为文化的核心因素，从此开始有了中原华夏诸族与北方民族的分野。

西岔文化的发现表明，至少从朱开沟文化晚期开始，北方地区内部开始发生文化的分化，外来文化因素呈不断上升的趋势。在朱开沟文化和西岔文化相继消失之后，随着在公元前1000年左右北方地区的气候进入了一个干冷低谷期，呼和浩特地区的人类活动处于极度衰弱状态。

到东周时期，从甘宁地区、内蒙古中南部到冀北地区大体沿着后来的北方长城一线，开始形成一个以鄂尔多斯式青铜器为主要特征的半农半牧—畜牧业文化带，呼和浩特地区发现的和林格尔县新店子墓地、清水河县阳畔墓地皆为该类遗存的典型代表。这两个墓地以流行竖穴土洞墓、头低脚高的葬式及独特的随葬品组合区别于其他地区。发掘者认为浑河流域可以新店子墓地为代表，称作新店子类型，以与同时期岱海地区的毛庆沟类型、鄂尔多斯地区的桃红巴拉类型相区别。

||||| 6 ||||| 清水河县西岔遗址

撰稿：党郁
摄影：孙金松

　　位于清水河县单台子乡西岔村南的台地之上，西南部坡下即为黄河，西北和东部两侧为通向黄河的较大冲沟，东南部为西岔沟。遗址占地面积约120万平方米，北面坡地较缓，有一道防御的石墙。遗址所处地势呈西北高、东南低之态势。

　　1997年，内蒙古自治区文物考古研究所在配合万家寨水库建设的考古调查中发现了西岔遗址，同年报经国家文物局批准，对其进行了抢救性考古发掘。由于当

遗址远景（东北—西南）

年西岔遗址的发掘在商周考古领域获得了重要发现，随即引起了国家文物局及有关专家的高度重视。2002年，西岔遗址的发掘与研究被列入国家文物局重点科研项目"河套地区先秦两汉时期人类的文化、生业与环境"之中。截止2004年，西岔遗址

共进行了五次大规模的科学发掘，累计揭露遗址面积达8100平方米，发掘清理灰坑747个、墓葬105座、房址59座、陶窑8座，出土了丰富的陶器、石器、骨器、铜器、金器等属于不同文化类型的遗物。

根据地层堆积及出土遗物分析，西

岔遗址包含有仰韶文化、老虎山文化、朱开沟文化和西岔文化等四个阶段的文化遗存。

第一阶段的文化遗存属于仰韶二期遗存。房屋为半地穴式建筑，平面呈方形，居住面为火烧烤而成。圆形坑灶位于室内前部。围绕半地穴四周分布有成排的柱洞，内周柱洞分布密集，外周柱洞分布疏散，居住面中央有相互对称的大型柱洞。门道开于南部，呈斜坡状。灰坑多呈圆形直壁。陶器组合主要为弦纹鼓腹罐、重唇口尖底瓶、宽彩带钵、盆、瓮等。

第二阶段的文化遗存相当于龙山时代晚期，属于老虎山文化。房屋均属圆形半地穴式建筑，白灰居住面，石板灶，门道向南，个别房屋的门道用石块封堵。灰坑多为长方形直壁平底坑。陶窑为横穴式，

西岔文化房址

圆形窑室，底部有放射状的火道。墓地集中分布于遗址Ⅰ区南部，以石棺作葬具是其主要特色。根据墓葬形制可分为两类：第一类墓葬分布无一定规律，均为仰身曲肢葬，头向西。合葬墓较为常见，多无随葬品，仅个别墓葬中随葬石制手镯；第二类墓葬布局非常规整，应为一处颇为完整的氏族墓地。一排墓葬多由七八座墓构成，整个墓地自东向西共分布10排墓葬。葬式以仰身直肢葬为主，头向东南，尸骨多见扰乱现象。随葬品稀少，随葬的石制手镯与第一类墓葬相同，另见少量的石斧。遗址中出土的遗物以陶器为大宗，双鋬宽裆鬲、绳纹夹砂罐、高领折肩罐、豆是陶器群中的主要组合。

第三期文化遗存属朱开沟文化范畴。房屋为小型方形半地穴式建筑，烧土居住面，流行壁灶，柱洞极少，门道向东南。灰坑多呈圆形袋状。陶窑为竖穴式，圆形窑室，窑箅上有多个分布有序的箅孔，火膛呈穹隆状，火道向西。陶器群主要由蛇纹鬲、三足瓮、侈沿罐、盆、钵、甗构成，弯身长方形石刀在石器中最具特色。

第四期遗存为新发现的西岔文化，根据与其他考古学文化综合比较及 ^{14}C 测定数据，遗存年代大体相当于商末周初，不会晚于西周中期。这一时期的文化遗存有石城墙，其中遗址西侧濒临黄河，东、南部为西岔沟所环绕，西南为五道沟，皆为天堑。北部地势平坦处修筑一条长352米的石城墙，宽约1.5米，存高0.6～1.6米，东西走向，未发现城门遗迹。利用坚固的石城墙及陡坡、冲沟、悬崖等自然屏障，形成了比较缜密的防御体系。

西岔文化的房屋位于石城墙内部，均属半地穴式，多为单间，仅见两组双连间建筑。平面呈长方形，绝大多数四周筑有夯土墙，居住面为垫土面，灶位于房内正中，或有附灶位于房内一角，多用石板围砌或铺就。个别房内有柱洞，门道多向东或东南。

灰坑多分布于房屋的周围，以坑口呈椭圆形、圆形的直壁平底坑为大宗，坑口呈圆形或方形的袋状坑较少。个别灰坑掏有壁龛或有用石片做成可踩踏的阶梯，有的坑壁经过修补，坑壁存有石砌围墙或夯土墙。坑内堆积中大多包含破碎的陶器和其他遗物，但有的灰坑中放置被肢解的人骨和填充石块的现象非常引人注目，放置肢解人骨，可能是一种"人祭"现象；而在灰坑中有意填充石块，也反映了另外一种形式的祭祀意识，这种"石祭"现象在青铜时代较流行于西北地区。

墓葬仅有零星发现，均为小型竖穴土坑墓，葬式为侧身直肢，头向北或东南，随葬品以玛瑙项链、弹簧式耳环最为常见，此外还有铜管銎斧、戈、铃、镜形饰、泡饰及金耳环等。

专门的陶窑区集中位于石城墙外北部和东部，多两三座陶窑为一组。陶窑均为竖穴式，窑室平面呈圆形，多为单孔窑箅，火膛呈穹隆状，火道向西。

陶器群具有明显的自身特点。夹砂灰褐陶和泥质褐陶在陶系中占有相当比例，器物口部流行鋬耳及外叠唇作风。绳纹是主体纹饰，水波状划纹占一定比例，附加泥条、乳钉、圆圈纹及镂孔少见。陶器组合以双鋬鬲、高领罐、鼎、豆为主，另外还有单把罐、双耳罐、鼓腹罐、盆、钵等器类。一些灰坑中集中出土管銎斧、短

西岔文化陶鬲

西岔文化陶罐

剑陶范，为确认西岔遗址系出土青铜器的产地提供了科学依据。

青铜器多数出土于墓葬，少量出自灰坑。虽然仅见管銎斧、戈、铃、环首刀、泡、弹簧式耳环等器类，但组合比较明确。通过对西岔遗址的青铜器进行金相学研究，结果表明青铜器皆为铜、锡、铅合金，不含有砷元素，且锡、铅含量远远低于朱开沟文化和同期中原产物，其工艺分为锻造和压模铸造两种。

西岔遗址发掘获得的四个阶段的文化遗存，均具有重要的学术价值，但西岔文化遗存以其独特的文化内涵，学术地位更显突出，填补了河套地区乃至中国北方长城地带的考古学文化空白，为这一区域青铜时代考古学研究建立了新的平台。

以往中国北方长城地带发现的早期北方系青铜器，科学出土品很少，多属零散的采集品，绝少共存陶器，这为其年代、产地、考古学文化归属问题的研究带来相当的困难。而西岔遗址出土的青铜器不仅组合明确、具备复杂的地层关系、共存丰富的陶器，而且形成了明显的自身特征。以西岔遗址所出青铜器为出发点，即可以解决一部分青铜器的产地、文化归属问题，又可以为早期北方系青铜器的年代分期、群组划分等学术课题的研究提供有益的借鉴。

此外，通过对西岔遗址孢粉分析的研究结果发现，此时环境中草本占优势，蒿、藜比值较低；气候偏湿润，草原茂盛。西岔遗址中动物遗骸的鉴定结果表明，家猪是主要的家畜，其与马牛羊的比例为1：1.5。结合其居住方式及出土的工具，可推断西岔遗址经营的是一种半农半牧的经济形态。遗址中出土大量网坠表明，渔业在西岔遗址中也占据着一定的比例。

众所周知，河套地区是研究农牧转化进程最具代表性的地区之一，西岔文化遗存作为此进程的重要环节，可以为这一重大学术课题的最终解决，起到积极的推动作用。

⫶⫶ 7 ⫶⫶ 和林格尔县新店子墓地

撰稿：党郁
摄影：曹建恩　孙金松

位于和林格尔县新店子镇小板申村西北约2公里的一处山坡上，墓地面积约3万平方米。墓地北依蛮汉山支脉，南邻巨壑可及浑河北岸，东、西两侧地势较为平坦，视野开阔。墓地所在区域曾被辟为耕地，现已退耕，中部有一条南北向的冲沟，将墓地分为东、西两部分。

1999年，内蒙古自治区文物考古研究

墓地远景

所对墓地进行了发掘，共发掘墓葬56座。墓葬形制较为多样，有竖穴土坑、洞室和偏洞室墓三种，其中可辨墓葬形制中有竖穴土坑墓20座、洞室墓20座、偏洞室墓11座。所有墓葬均未见葬具，尸骨头向东，葬式以仰身直肢单人葬为主，也有个别侧身曲肢、侧身直肢葬。普遍流行将大量动物头骨整齐摆放于墓道的殉牲习俗，种类包括马、牛、羊三种，共出土马头骨18具、牛头骨93具、羊头骨253具。

洞室墓

随葬品种类颇丰，包括青铜器、陶器、金器、骨器、石器和玉器等。陶器仅见偏口壶。青铜器有戈、短剑、刀、锥、镞、针管、带扣、扣饰、虎头形泡饰、节约、耳环、铜环、连环饰、联珠饰、匙形器、长方形带饰等。金器仅见金项饰。此外，还见有针管、镞、弓弭、针、匕等骨器，以及砺石、玛瑙珠饰、绿松石饰等玉石玛瑙器。

该墓地为浑河流域目前发现的规模最大的一处东周时期游牧文化墓地，与岱海周边、鄂尔多斯地区的同时期游牧文化墓葬既有共性，又有一定区别。其中偏洞室墓的墓葬形制与包头西园墓地相同，洞室墓则与清水河县阳畔墓地相同，而竖穴土坑墓又与岱海地区同时期的墓葬相同。从墓葬形制来看，新店子墓地综合了周边不同文化的多种因素，但总体与西园墓地、阳畔墓地属于同一类型的文化。墓地发掘者建议将新店子、西园和阳畔等位于土默特平原地区的墓地统一命名为新店子类型，以与同时期岱海周边的毛庆沟类型和鄂尔多斯地区的桃红巴拉类型相区别。

从出土的随葬品来看，新店子墓地既包含有岱海周边和鄂尔多斯地区的文化面貌，也有自身的一些文化因素。从殉牲大量马、牛、羊等动物头骨来看，该墓地的居民应从事较为发达的游牧业经济。根据人骨鉴定结果可知，墓地墓主人皆为北亚人种，与岱海地区发现的同期墓地中既有北亚人种、又有东亚人种的情况有所不同，反映了内蒙古中南部地区这一时期复杂的文化面貌和人种构成。虽然都从事游牧业经济，但新店子

出土的铜戈

出土的骨针及筒

墓地所反映的游牧业经济要比岱海地区同类遗存的经济方式更为单纯。

新店子墓地的发现，对研究内蒙古中南部地区、尤其是土默特平原地区的东周游牧文化具有重要意义。对深入探讨内蒙古中南部地区农牧转化、生业方式和东周时期的北方与中原地区的政治格局、经济方式、民族关系、人种迁徙及融合等方面的问题，均提供了极为重要的考古学资料。

出土的陶偏口壶

战国秦汉时期

　　自公元前300年左右开始，战国赵武灵王开始在阴山筑长城防御匈奴，在呼和浩特平原设置郡县进行管理，自此战国秦汉时期的中原王朝统治呼和浩特地区达500年之久，于阴山以南广大地区留下许多边城障塞遗存。第三次全国文物普查的成果显示，呼和浩特市境内共有战国秦汉时期的不可移动文物点451处。

　　最早，战国赵设置了云中郡，为今托克托县古城村古城。秦代沿袭了赵国的云中郡建制。到西汉时期，又从云中郡分出了定襄郡。西汉定襄郡郡治为今和林格尔县盛乐古城，下辖12县，分别为成乐、桐过、都武、武进、襄阴、武皋、骆、安陶、武城、武要、定襄、复陆。其中成乐、桐过、武皋、骆、安陶、武城、定襄七县今址均考证位于今呼和浩特市境内，分别为和林格尔县盛乐古城、清水河县城嘴子古城、赛罕区二十家子古城、清水河县古城坡古城、赛罕区陶卜齐古城、和林格尔县榆林城古城、赛罕区西梁古城。西汉云中郡沿袭战国赵、秦代建制，下辖11县，分别为云中、咸阳、陶林、桢陵、犊和、沙陵、原阳、沙南、北舆、武泉、阳寿。其中云中、陶林、沙陵、原阳、武泉五县今址均考证位于今呼和浩特市境内，分别为托克托县古城村古城、新城区塔布陀罗亥古城、托克托县哈拉板申东古城、赛罕区八拜古城、托克托县黑水泉古城。到东汉时期，定襄郡郡治迁至善无县，仍辖桐过、武成、骆原定襄三县，而成乐、定襄二县并入云中郡，武皋、安陶二县废治；云中郡仍辖云中、沙陵、原阳、武泉等县，而陶林县废治。这些古城周边均分布有大量同一时期的墓葬群。

　　此外，呼和浩特市北部阴山山脉分布有战国赵北长城、秦汉长城和汉外长城南线、北线。

8 和林格尔县盛乐古城

撰稿：陈永志　李强
摄影：李强　刘小放　陈永志

全国重点文物保护单位。

位于和林格尔县上土城村北1公里处，坐落在土默川平原与南部黄土高原山地丘陵区的交界地带，东傍蛮汉山，北望大青山，西濒黄河水道，南扼杀虎口古道，地处中原通往漠北的山口要冲地带，地理位置十分重要。特殊的地理位置构成特殊的自然条件，从古至今这里均是人类生存的好地方，同时也是兵家必争之地。

盛乐古城平面呈不规则多边形，东西

古城遗址卫星图

长1550米，南北长2250米，面积约349万平方米。城垣以北垣、东垣的北半部保存最好，存高5～10米不等，南垣中部被河水冲毁荡然无存，东、北、西三面近中部设有城门，外置瓮城。古城分为西城、南城、中城、北城四大部分。西城地层单一，仅存东城墙及南墙东段，边长310米，为春秋时期文化遗存。南城包括南墙、东墙南段与南北两区之间的一条东西横墙，地层内含春秋、战国、两汉以及北

城内发掘的辽金元时期建筑台基

城内发掘的唐代窑址

城内发掘的汉代遗迹

魏时期的文化遗存,始建于秦汉,魏晋沿用,南北长550米,东西长520米。中城位于南城的西北部,西南角已被河水冲刷,是因河而建的晚期城址,南北长730米,东西长450米,文化堆积最深处可达十余米,含战国、汉、魏晋、唐、辽金元等多个时期的文化遗存,地层堆积较为复杂。北城面积较大,包括西南部城垣,东西长1450米,南北长1740米,地层堆积相对较为简单,主要为隋唐时期文化遗存。城内大型建筑遗迹主要在西北部,高出地表达2~3米,至今不能耕作。

1960年4~5月,内蒙古文物工作队为配合农田基本建设,对古城及城北的墓葬进行了抢救性发掘,勘探面积约6万平方米,发掘面积共500平方米,同时解剖城垣四处,发现的遗迹有灰坑、道路、居住遗迹、窑址和墓葬等。1997年、1999年、2000年、2001年,内蒙古自治区文物考古研究所对古城进行了四次大规模的考古勘探与发掘,勘探面积约17万平方米,发掘

面积共计3642.5平方米。古城城内文化层厚达4米多深,遗迹、遗物丰富。发现的遗迹有房址、灰坑、水井、窖藏、道路、墓葬、瓮棺葬、城垣、城壕、壕沟等。遗物以陶、瓷器为多。陶器残片多泥质灰陶,有罐、壶、注、盆、钵、瓮等器形,在陶器的内壁常饰有细小的几何纹。瓷器以白瓷小碗为主,也有黑、白釉或半釉器皿,器形有注、盂、钵等,有少量的三彩器。建筑构件有筒瓦、板瓦、长方砖和莲花纹瓦当等。

盛乐古城地区在西周至春秋时期为猃狁、北狄(犬戎)居住的"襄"地,春秋时期是北狄活动的区域。古城西城实际上就是此时所建,这也是呼和浩特地区最早营建的城市。公元前594年,狄国为晋景公所灭,古城成为晋国的管辖范围。公元前376年,韩、赵、魏三家分晋,晋国的西北地区皆成为赵国的领地。公元前300年,赵武灵王建云中郡(今托克托县古城村古城),盛乐古城周边地区属赵国云中

清理的辽金元房址

战国时期树猴对鸟纹瓦当

北魏神兽纹砖雕

北魏相扑纹瓦当

城址发掘现场

北魏莲花纹瓦当

郡辖地。秦统一六国后，仍为云中郡辖地，汉高祖六年（公元前201年），汉朝从秦云中郡中另析出定襄郡，郡治设在成乐县，即古城南城，是为定襄郡的政治中心所在，同时也作为汉王朝稳定边疆、抗击匈奴的主要前沿阵地，大将军卫青曾以定襄郡为根据地数次北上出击匈奴。东汉时期，复置定襄郡。258年，拓跋鲜卑首领率部南下，将所部分为三部，其中拓跋猗卢率领的西部以古城为活动中心，即是利用汉代成乐城址。其后，猗卢统率三部正式建立政权，即代王位，以古城为北都，平城（今山西大同）为南都，现在古城中城即是此时所建。公元386年，拓跋珪即代王位，建元登国，改称魏王，仍以古城作为都址所在。398年拓跋珪迁都平城，次年改号为皇帝，正式建立了北魏王朝。盛乐古城仍然作为北魏皇帝北巡祭祖的重要城市。隋王朝于开皇五年（585年）在古城设置云中总管府。开皇十九年，突厥启民可汗率众归附，隋王朝将启民可汗所属突厥人民安置在呼和浩特平原上游牧，并兴建了大利城。大业元年（605年）又设置了定襄郡，郡治大利城。这座"大利城"即是现今古城中城外围的高大城垣，也是唐代城垣的前身。唐代初年，突厥首领阿史那思摩曾在"定襄故城"即古城设立牙帐，为唐王朝守卫北部边疆。唐高宗时，将原设在漠北的瀚海都护府迁到定襄之成乐城，改名为云中都护府，麟德元年（664年）改名为单于都护府，或称"单于大都护府"。唐代兴筑的单于大都护府，基本上是在隋代大利城城垣的基础上扩建的。唐代，古城作为漠

唐代白瓷器具

唐代秘色青瓷碗

南的重要政治军事中心，是控制北方的突厥、回纥等族的重要据点，也是中西交通线上的一个重要枢纽。辽金元时期呼和浩特的政治经济中心北移至阴山南麓土默特平原的西北部，盛乐古城所在地的振武城改为振武县、振武镇或振武城。辽金元时期的城镇主要沿用的是现在的中城，即今古城中部临近宝贝河一带。

盛乐古城出土的遗迹、遗物所跨越的历史年代久远，历史序列也最为完整，而其所处中国北方农牧结合带这样一种特殊的地理位置，又赋予其特殊历史意义。古城历经春秋、战国、秦汉、魏晋、隋唐、辽金元等几个大的历史发展阶段，城镇建置的历史长达二千余年，这在内蒙古地区是独一无二的，在全国来说也是十分罕见的。而考古发掘出土的春秋、战国、秦汉、魏晋、隋唐以及辽金元不同历史时期的文化遗存，文化关系衔接紧密，中间没有缺环，又与史料的记载相吻合。因此，可以说，盛乐古城是内蒙古地区出土文物较为丰富、历史上沿用时间最长的古代城址，也是我们进一步研究我国古代中原王朝与北方游牧民族之间政治、经济、文化关系十分重要的历史文化遗迹，是内蒙古自治区极为珍贵的物质文化遗产。

唐代骨发具

战国时期骨带钩

唐代三彩注壶

唐代绿釉瓷壶

战国时期绳纹陶瓮

北魏陶瓶

唐代三彩玩偶

唐代"马上封侯"瓷玩偶

唐代三彩玩偶

辽代陶净瓶

辽金元黑陶瓶

‖‖‖9‖‖‖ 和林格尔县盛乐古城周边墓葬群

撰稿：陈永志　李强
摄影：李强　刘小放　陈永志

　　位于和林格尔县上土城村北1公里处盛乐古城的周边地区，由于盛乐古城建成时间早，沿用时间长，古城周围埋藏有大量不同历史时期的墓葬，特别是在古城外围500米范围内墓葬更为集中。不少墓葬规模大，规格高，出土随葬品丰富。时代包括春秋战国、秦汉、魏晋、隋唐以及辽金元等多个时期。其中，古城东侧以春秋战国墓为多，南侧、西侧以汉墓为多，北侧以辽金元时期的墓葬为多。目前已经发掘三千余座不同历史时期的墓葬。

　　墓葬的种类有竖穴土坑墓、土洞墓、砖室墓、瓮棺葬、乱葬坑等。春秋晚期墓葬均为长方形竖穴土坑墓，单人葬，葬式为仰身直肢葬、仰身屈肢葬等，随葬有陶壶、陶鬲、陶罐等器物。战国时期墓葬均为长方形竖穴土坑墓，单人葬，部分尸骨不完整，没有头颅或缺少肢骨，有些尸骨上残存有铜镞和骨镞，以仰身直肢、仰身屈肢、侧身屈肢为主要葬式，部分墓葬中带有壁龛或头龛，还发现带有环壕的墓葬，出土有陶罐、陶钵、陶鼎、陶豆、陶壶、陶盘、陶樽、铜带钩、铜剑、铜戈、铜璜等器物。秦式墓葬多为竖穴土坑墓，

有东西向、南北向两种，以仰身屈肢、侧身屈肢为主要葬式，随葬品有铜带钩、蒜头壶、半两钱等。汉代墓葬形制有竖穴土坑墓、竖穴土坑木椁墓、土洞墓、砖室墓等，葬式以仰身直肢葬为主，一般随葬陶器有罐、壶、井、灶等，铜器有带钩、镜、壶、香炉、扁壶、卣、车马具、钱币等。魏晋时期的墓葬多为竖穴土坑墓，埋葬较深，大部分墓葬有葬具，葬式以仰身直肢葬为主，随葬品有陶罐、陶壶、铜镜等，多有殉牲现象。

唐代墓葬可分为砖室墓和土洞墓两种，皆带有长方形斜坡或台阶式墓道，砖室墓为单室墓，近方形或圆形，穹隆顶，为双人合葬墓，土洞墓有直洞室和偏洞室两种，部分墓葬用石块或砖封门，葬式

墓葬区（北—南）

以仰身直肢葬为主，随葬品主要有陶器、瓷器、铜器、铁器、泥俑等，出土的白瓷碗、三彩器、铜镜等遗物较为精美，部分墓葬出土有墓志，保存较好，以墨书为志文。辽金元时期的墓葬以辽墓为多，多穿隆形砖室墓，台阶式墓道，墓室内以砖砌尸床，随葬有塔形器、篦点纹陶罐、瓷碗、铜钱等器物，部分辽墓

春秋时期彩陶壶

春秋时期"耳铸公剑"铭文青铜剑

战国时期青铜剑

秦式铜带钩

战国时期铜镜

战国时期蔺字圜钱

战国时期玛瑙环

战国时期铜带钩

战国时期彩绘陶器

汉代砖室墓

有精美壁画。

　　盛乐古城周边墓葬出土的器物，与古城内出土不同历史时期的器物相对应。据史料记载，盛乐古城地区早在西周至春秋时期为猃狁、北狄（犬戎）居住的"襄"地，春秋时期是北狄活动的区域。根据文献记载，晋献公二十二年（公元前655年），晋文公重耳躲避晋献公的迫害，奔翟（狄）避难，在狄国生活12年，晋文公重耳的母亲与妻子皆是狄人。据《史

汉代墓葬器物出土情况

记·晋世家》记载"狄，其母国也……狄伐咎如,得二女:以长女妻重耳……重耳居狄凡十二年而去。"关于狄族的活动地域,学术界一般认为在今内蒙古自治区的西北部,其具体活动地望,一直未有

明确。1986年8月,在和林格尔盛乐古城东侧的墓葬区发现一把铸有铭文的青铜短剑,篆书"耳铸公剑"四字,经学者考证认定为晋文公重耳所用之剑。近几年,文物工作者在古城内与墓葬中发现了春秋时期的一系列遗物,在城外墓葬中发掘出土了春秋时期的夹砂陶鬲、陶罐等随葬品,在这些随葬品当中,特别引人注目的是又相继出土了十几件青铜剑,其中四件与"耳铸公剑"青铜剑的形制一模一样,从而确凿地证实了《史记·晋世家》中记载的真实性,同时也说明了春秋时期狄族的主要活动地域就是今盛乐古城地区。公元前594年,狄国为晋景公所灭,盛乐古城地区成为晋国的管辖范围。在古城外围的墓葬群当中,发现了多例带有环壕殉人的墓葬,墓葬普遍呈"斗"形,并出土有盖式陶豆、盖式陶壶、盖式陶盒等器物,这些都具有鲜明的晋文化因素,充分说明了这一历史事实。公元前300年,赵武灵王

汉代铜镜

汉代铜镜

汉代青铜三足洗

汉代青铜壶

汉代铜鋞镂

北魏墓葬

建云中郡（今托克托县古城村古城），盛乐古城周边地区属赵国云中郡辖地，城外墓葬出土的折肩绳纹罐、蔺字圜钱等器物，是赵文化的典型器物。秦统一六国后，盛乐古城仍为云中郡辖地，古城周边发掘的带有壁龛的曲肢葬墓葬，出土的盖式豆、蒜头壶、锹式带钩、半两钱等秦代标形器物，是重要的实物例证。汉高祖六

唐代"开元通宝"钱

年（公元前201年），汉朝从秦云中郡中另析出定襄郡，郡治设在成乐县，是为定襄郡的政治中心所在。东汉时期，复置定襄郡。在古城周边发现的大量汉代墓葬当中，有大型的棺椁墓、竖穴土坑墓、土洞墓、单砖室墓、多砖室墓等诸多种类，特别是曾发现了前、中、后大型砖室墓，在另一座墓葬中还出土有青铜壶、青铜豆、青铜洗等规格较高的大件青铜器物。这些墓葬形制与出土的器物，说明了古城曾作为汉朝定襄郡郡治所在，其政治、经济、文化都已经达到了相当发达的程度。公元258年，拓跋猗卢率领的西部利用汉代成乐城址为活动中心，其后，以古城为北都，平城（今山西大同）为南都，公元386年，拓跋珪即代王位，建元登国，改称魏王，以盛乐古城作为都城所在，直至公元398年迁都平城。在对古城周边墓葬的考古发掘过程中，发现的部分墓葬带有头厢及殉牲，随葬有细颈盘口的陶壶与波

唐代家族墓

唐代墓葬发掘现场

浪纹陶罐，墓葬形制与出土陶器特点上承东汉，下衔魏晋，时代特征明显。这些带有鲜卑早期特点陶器的发现，真实地反映了鲜卑人在盛乐古城居住生活的实际状况，也说明鲜卑人在古城生养死葬的事实。在城外同时还发现许多隋唐时期的墓葬，部分唐墓中出土有墓志铭，尤以葬于唐贞元十四年（799年）的"唐故守左金吾卫大将军试太长卿刘公墓志铭"为典型，弥足珍贵。另外，在其他的一些唐墓中还出土有塔形器、白瓷碗、注壶、釉

唐代铜镜

唐代铜镜

唐代赌具

唐代三彩香炉

唐代陶塔形器

唐墓壁画——仕女图

仕女图局部

陶罐、铜镜、铜钱、赌具等随葬器物，这些出土文物反映了隋唐时期大利城与单于大都护府当时政治、经济、文化的真实面貌。辽金元时期的墓葬发现较少，只在古城北部发现二十余座，其中有些辽墓发现有精美壁画，墓葬中出土有塔形器、篦纹陶罐、铜钱等遗物。盛乐古城周边墓葬群的考古发掘，与城内遗存相对应，出土的遗迹、遗物所跨越的历史年代久远，历史序列也最为完整，为进一步研究盛乐古城的历史以及文化面貌提供了重要的实物资料。

辽代墓葬发掘现场

辽代陶塔形器

辽代铁锈花盘口瓷壶

辽代铁锈花瓷注

辽墓壁画

辽墓壁画

10 ▎清水河县城嘴子古城

撰稿：李春雷
摄影：亢俊

清水河县重点文物保护单位。

位于清水河县小缸房乡城嘴子村西侧，古城东为浅沟，南北皆为深沟，西为黄河天险，北距浑河入黄河口处约1公里，地处四面环沟的台地之上。

1956年，内蒙古文物工作队李逸友首次对城嘴子古城做了调查，并考证为汉代定襄郡治下的桐过县故城。1998年，内蒙古自治区文物考古研究所配合清水河县黄河公路的建设，对该古城进行了抢救性考古发掘。

古城平面呈不规则长方形，南北长730米，东西宽430米。西以黄河断崖为屏障，东、南、北三面筑墙，墙体系黏土

古城西临黄河

古城南墙

城墙顶部

古城南墙

夯筑，保存较好，尤以东墙南段最为雄伟，基宽近20米，残高约10米。东墙中部设门，宽度已破坏难辨。城内文化层厚约1.5米，包含有老虎山文化、朱开沟文化、战国、汉代四个不同时期的文化遗存。

占城为汉代所筑，汉代遗迹有人类活动面和灰坑等。人类活动面残存范围长8.25米，宽7.5米，地面为黄沙土夹白泥的垫土面，平整坚硬，中部有一方形地面灶。灰坑多为不规则的天然垃圾坑，人为制造者甚少。出土陶器皆为泥质灰陶，轮制，器形有敞口罐、曲沿罐、束颈罐、高领罐、小口罐、盆、盘口壶、平底壶、盂、碗、直口瓮、敛口瓮、缸和纺轮等。铁器有铁刀和铁镰等。

11 赛罕区陶卜齐古城

撰稿：张文平
摄影：张亚强

位于赛罕区榆林镇陶卜齐村东侧，南临大黑河，北倚大青山，西瞰土默川平原，处于乌兰察布丘陵与土默川平原相衔接的山口地带，地理位置较为重要。

早年内蒙古文物工作队曾对陶卜齐古城作过调查，认为是一座汉代古城，东西八百余米，南北四百余米。1993~1994年，内蒙古自治区文物考古研究所配合110国道的建设，对古城进行了调查与勘探，认为古城出土遗物年代最早可到战国时期，下限大体相当于西汉末至东汉初，推断其在战国时期曾是赵北长城沿线的障城所在，西汉扩建为郡县级城邑。1994~1995年，继续配合110国道建设，

古城远景

古城内发掘的房址

古城内发掘的墓葬

内蒙古自治区文物考古研究所对古城进行了发掘，对城内东北区域以及北城墙东段内、外区域做了重点清理，其中刻划"安陶"字样空心砖残片的发现，为认定该古城为西汉定襄郡安陶县县治提供了重要证据。2009年，内蒙古自治区文物考古研究所对古城又进行了局部发掘。

在对古城的勘探与发掘中，测得古城平面呈长方形，东西长730米，南北宽365米。城墙夯筑而成，大部分地段受大黑河河水的冲刷及河水泛滥泥土的淤积，遗迹已不明显。解剖的部分城墙基宽4米，顶宽2.3米，残高2.75～3米。城墙外侧附筑有马面，长8.5米，残宽1米，高2.75米，具体数量不清。在南、北两城墙中部偏东处开相对的南、北两座门址，距城墙东南角、东北角均为168.5米；门址均宽9米，南门两侧可见两座隆起的夯土堆。

城内地表散落遗物较为丰富，以汉代陶片为主。1994～1995年发掘出土的遗物，有盆、罐、釜、瓮、钵等日用陶器，

有板瓦、筒瓦、瓦当等建筑构件，有甲片、铲、锄、锤、夯锤、刀、箭头等铁器，还有铜镞、骨锥等。陶器的陶质多为泥质灰陶，另有部分夹砂灰陶建筑构件和夹砂褐陶罐、釜类器物；器物的纹饰以粗绳纹及凹、凸弦纹为主，筒瓦内壁多施布纹，板瓦内壁多印有各种几何纹饰，如方格、菱形、麦穗、米字等。

2009年的发掘集中于城内北部，清理房址2座、灰坑39个、灶址1个、陶窑1座、灰沟1条和墓葬1座。出土遗物有陶器、铜器、铁器、石器、骨角器和动物骨骼等，特征与此前发掘出土物大体相类似。

根据内蒙古自治区文物考古研究所对古城的调查、勘探与发掘成果，结合《汉书·地理志》第八下等相关史料的记载，可以认定陶卜齐古城为西汉定襄郡安陶县县治所在。《汉书》中记作定陶，新莽改为迎符。在陶卜齐古城西南约15公里处的美岱二十家子汉代古城曾发掘出土有"安陶丞印"封泥，综合陶卜齐古城发现的刻

古城内出土的陶器

划"安陶"字样空心砖残片，可以确定西汉该县名为安陶，而定陶则应是《汉书》为避"安"字讳而改写，可能是避西汉淮南王刘安之讳。古城的出土遗物显示该遗址的年代上限可到战国时期，到西汉时扩建为安陶县，西汉末、东汉初废弃。东汉时期，原西汉定襄郡安陶县辖区划归云中郡管辖，安陶县撤治，对陶卜齐古城考古发掘的结论可与历史记载相吻合。

古城内出土的铜弩机望山

古城内出土的陶窑叠烧陶碗

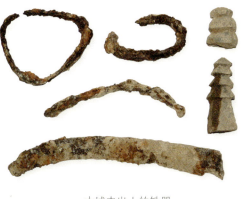

古城内出土的铁器

12 托克托县古城村古城

撰稿：张文平

摄影：石磊

全国重点文物保护单位。

位于托克托县古城镇古城村西侧，周围地势平坦。

古城村古城平面呈不规则形，南北长1920米，东西宽1760米。夯筑城墙，大都保存完好，最高处残高5.6米，西墙断面基宽达16米。北墙、西墙各开一门，南墙开二门，东墙受破坏，是否有门址已不清楚。城内西南角有子城，约140米见方，南墙开门。大城内有多处建筑遗迹，其

古城中心建筑台基

二道路墓群局部

二道路墓葬大封土堆

中中部一座俗称"钟鼓楼"的大型夯土台基，曾出土一尊北魏太和十八年（494年）铭鎏金释迦铜像。台基上下散布着北魏灰色筒瓦、板瓦，其中有前缘用手指按压成水波纹的檐板瓦。

该古城即战国赵武灵王所筑之云中城，秦汉在此置云中郡治。北魏置延民县，属云中郡，魏末成为云中郡治所。由城墙内所夹唐初白瓷碗残片，知初唐以后城墙仍有增补。北魏遗物主要分布在古城中部至西南部，北魏城的范围是否与现城址一致，尚无确认。古城村古城东距盛乐古城80里，关于什翼犍三年（340年）移都之"云中之盛乐宫"，或谓在盛乐城与云中城中间之地，今址尚未找到；或认为云中城中俗称"钟鼓楼"的大型夯土台基应即"云中之盛乐宫"。

古城北约1公里、二道路村西100米处，为二道路墓群，为古城居民的死葬之所。墓群占地东西长约五百米，南北宽约一百米，有六十多个大小不等的封土堆。

古城西墙局部

封土堆的大小、高低不等，相互之间的距离也不等。现存最大的封土堆直径约60米，较小的封土堆直径也在30米左右。历年来在古城周边发现了很多古墓葬，但大多被夷为平地，地表没有任何明显标志。二道路墓群墓葬数量多、规模大，又很集中，而且还有明显的封土堆，这是很难得的。经对其中部分墓葬的发掘，以汉墓为主。地方文物工作者或认为该墓群为《魏书》中记载的北魏"云中之金陵"，尚未发现确凿证据。

二道路墓群出土的陶屋顶

二道路墓群发掘砖室墓全景

‖13‖ 新城区塔布陀罗亥古城 ————————

撰稿：张文平
摄影：齐纬

内蒙古自治区重点文物保护单位。

位于新城区毫沁营镇塔利村北约1公里处，地处大青山南麓平坦的土默特平原之上。

新中国成立后，考古工作者曾对塔布陀罗亥古城做过调查，但一直未进行正式发掘。关于古城的行政建制，学术界存有争议，有的学者认为是汉代云中郡武泉县故城，也有的认为是汉代云中郡北舆县故城。

古城平面呈"回"字形，分为内、外两城。外城平面近方形，东西长1263米，南北宽1245米。城墙夯筑，基宽10～15米，残高1.5～3米。南墙正中开门，方

外城南墙远景

外城西墙

向为173°。内城位于外城中部偏北处，平面亦近方形，南北长354米，东西宽346米，当为官署所在地。城内文化层厚约1.2米。外城南部残存部分建筑遗迹，主要是民居和兵营所在。城内地表散布大量陶片和砖瓦等遗物。瓦有筒瓦和板瓦，板瓦瓦背多饰绳纹，瓦腹多饰菱形格纹，瓦当当面分为素面、饰卷云纹和书写文字三种，文字有"万岁"、"与天无极"等。陶片主要是陶釜、罐、盆、钵等器物残片，部分饰有绳纹。

该古城规模较大，所见遗物以西汉为

汉墓北封土堆

古城地表分布的陶片

主。依据《汉书·地理志》的相关记载，初步推断为西汉云中郡陶林县治所，同时为云中郡东部都尉治，东汉废弃。至于汉代武泉县治所，现今多倾向于托克托县黑水泉遗址。汉代北舆县作为云中郡中部都尉治，根据《水经注·河水三》的相关记载，其治所约在今呼和浩特市市区东河以西、小黑河以北、扎达盖河以东一带，极有可能在今呼和浩特市区的范围之内，早已为城市建设所湮没；或认为北舆县为今玉泉区小黑河镇沙梁子古城。

在塔利村东南约400米处，为塔布陀罗亥汉墓分布区，地表可见三个大的封土堆。南封土堆面积约2166平方米，堆高约10米；东封土堆面积约2150平方米，堆高约6～7米；北封土堆面积约1500平方米，堆高约4米。塔布陀罗亥汉墓当为居住于塔布陀罗亥古城中的官僚或者富人的墓葬。

14 ‖ 托克托县哈拉板申东古城

撰稿：李春雷
摄影：石磊

托克托县重点文物保护单位。

位于托克托县双河镇哈拉板申村东北，地处大黑河冲积平原地带。通过调查，内蒙古自治区文物考古研究所李逸友先生考证哈拉板申东古城为汉代云中郡沙陵县治所。

古城地形东高西低，平面呈方形，边长525米。城墙系夯土版筑，北墙、东墙尚有残存，南墙和西墙基本无存，其中东墙残迹明显，北墙仅存数段。城内东北角加筑子城，平面基本呈方形，边长约213米。子城的东墙、北墙使用外城城墙，南墙和西墙为另筑，西墙正中有一豁口，应为门址。现子城的西墙被破坏，南墙尚存。

古城内文化堆积较厚，而子城内的堆积更为丰富，地表散布很多砖、瓦等建筑构件和盆、罐等陶器残片，其中板瓦饰绳纹，瓦当饰卷云纹。古城内经常出土铜钱和铜镞，铜钱有汉"半两"和"五铢"钱。曾于北城墙下出土一口铁锅，锅内有十几斤铜镞和部分弩机构件。1974年，在古城东侧的田地里发现一方形龟纽铜质官印，边长2.3厘米，白文，无边框，印文为篆书"云中丞印"。

古城南墙

古城内散布的遗物

古城东墙

‖15‖ 赛罕区八拜古城

撰稿：张文平
摄影：张文平

位于赛罕区金河镇八拜村东侧。

八拜古城平面大体呈长方形，北墙长640米，西墙长520米，南墙长620米，东墙长550米。城墙系夯筑而成，北墙保存最好；西墙叠压于八拜村东侧的乡村公路之下；南墙被推平改造为林地，仅个别地段可见夯筑痕迹；东墙受耕地破坏，保存较北墙为差。北墙保存较好地段基宽约15米，残高2~3.5米，夯层厚0.16~0.19米。初步推断南墙上原应有加筑瓮城的门址。城内全部被辟为农田，新建的呼大（呼和浩特-大同）高速公路从古城东部大体呈南北向穿过。部分断面可见文化层，最厚可达1米左右。地表散布大量陶片及绳纹砖、瓦等，有灰陶绳纹罐、盆残片等。

城南分布有同时期墓葬，内蒙古自治区文物考古研究所曾清理西汉中晚期墓葬三座。

结合《水经注·河水三》的相关记载，初步推断八拜古城当为汉代云中郡原阳县县治所在。在汉代之前，原阳曾是战国赵武灵王推行"胡服骑射"的骑兵训练基地。

古城北墙

古城东墙

‖16‖ 和林格尔县东头号墓地

撰稿：李强

摄影：李强

位于和林格尔县新店子镇十一号行政村东头号自然村南，处于浑河南岸的二级台地之上，地形呈北低南高的缓坡状，东边与南边现为耕地，北边是为树林植被，西边为小型冲沟。

东头号墓地为第三次全国文物普查中新发现。2011年5～8月，为配合呼和浩特至杀虎口高速公路建设，内蒙古自治区文物考古研究所、和林格尔县文物管理所联合对东头号墓地进行了抢救性考古发掘，发掘清理古墓葬43座，出土各类随葬器物九十余件。

这些墓葬均开口于耕土层下，形制为长方形穴土坑墓，填土为黄褐色五花土，大部分墓葬的填土经过夯打，土质较硬。分为口底同大和口大底小（斗状）两类，第一类11座，第二类32座。使用葬具的墓葬有19座，葬具多为木棺，其中三座有棺椁，其余16座为单棺。木棺平面多为长方形，也有梯形，一座使用了头厢；木椁平面呈长方形。43座墓葬中，除一座无人骨外，其余42座均为单人葬，其中仰身直肢葬37座，仰身屈肢葬5座。两座墓葬有殉牲，为动物肩胛骨，置于死者头骨上方或

尸骨左侧。43座墓葬中只有一组墓葬有打破关系。出土遗物有陶器、铜器、铁器、玉器、石器等。出土陶器的墓葬五座，可分为两类，一类是随葬单罐或壶，另一类随葬彩绘陶器，基本组合为鼎、豆、盒、壶、盘（盆）、匜、灶等。铜器以各式带钩为主，出土带钩的墓葬有24座，种类有蛇形、琵琶形、耜形，特别是各种动物形象的带钩较为特殊。铁器以带钩和工具为主，铁带钩锈蚀严重，镢、锸等工具均出土于墓葬填土中。玉石器以玛瑙环和玉璧为主。

以26号墓为例，长方形竖穴土坑墓，墓向为85°，墓穴口大底小呈斗状，墓壁较为光滑平整。墓口长3.6米，宽2米，墓底长3米，宽1.5米，墓深4.6米。有木棺，长2.4米，宽1.2米，残高0.8米，厚0.1米。尸骨保存较差，葬式为仰身直

东头号墓地全景（东—西）

铜带钩

铜带钩

铜带钩

陶灶

肢葬。经鉴定，墓主人为男性，年龄为30～35岁。随葬品放在骨架头部，有彩绘陶盘、彩绘盖壶、彩绘陶盆、彩绘陶鼎、彩绘陶灯、彩绘盖壶、陶勺、陶耳杯、彩绘盖壶、彩绘小盖壶等。

从该墓葬群的墓葬形制、葬式、葬具以及出土的各类随葬品来看，这批墓葬的年代基本一致，为战国中晚期，应当是赵国人的墓葬。

26号墓全景

墓葬间打破关系

墓葬内陶器出土情况

撰稿：武成
摄影：武成

位于和林格尔县新店子镇西头号村东一片南高北低的耕地内，当地老乡称"八号地"，属于浑河南岸的二级台地。

2011年，内蒙古自治区文物考古研究所在呼和浩特市博物馆、和林格尔县文物管理所的配合下，清理发掘了西头号墓地的六座墓葬。

墓地范围东西长500米，南北宽70米。墓葬均为土坑竖穴墓，分两种形制。一种是土坑竖穴式，为1号墓、4号墓、6号墓，其中1号墓在墓室底部设有二层台。一种是土坑竖穴带墓道式，为2号墓、3号墓、5号墓，其中2号墓为斜坡台阶式墓道，5号墓为斜坡式墓道，3号墓为大型木椁墓。

出土随葬品一百二十余件。陶器种类较多，有罐、铺首壶、鼎、釜、盒、豆、博山炉、灶、井等。金属器有铜镜、铜带钩、铜印、铜及锡车马饰件、铜盖弓冒、铜扣、铜泡钉、铁叉、铁熏炉等。漆器主要是红黑彩漆盘、漆盒。钱币主要是"五铢"钱。另有一件片石砚和玛瑙珠饰件等。

根据墓葬形制和随葬品特点，该墓地1号墓年代在战国晚期，是内蒙古中南部

3号墓

4号墓出土的陶器

1号墓　2号墓

4号墓　5号墓

6号墓出土的陶器

1号墓出土的铺首陶壶

1号墓出土的陶盒

1号墓出土的陶鼎

地区少见的一种墓葬形制，2～6号墓年代均在西汉中晚期。这处墓地的墓葬数量虽然不多，但均未被盗扰，保存完好。墓葬形制不一，年代跨度较大，特别是出土了一批重要的文物，漆器的伴出率较高，均有殉牲现象。从陶鼎等礼器和铜镜、铜印、铜车马饰件等特征综合分析，这处墓地绝非普通平民的墓地，应属于中等阶层所有。

此外，西头号墓地南部山丘顶部还发现有两座较大的汉墓，封土堆高约十余米，当地老乡称为"王墓梁"，与西头号墓地的关系尚不明确。

1号墓出土的三足陶釜

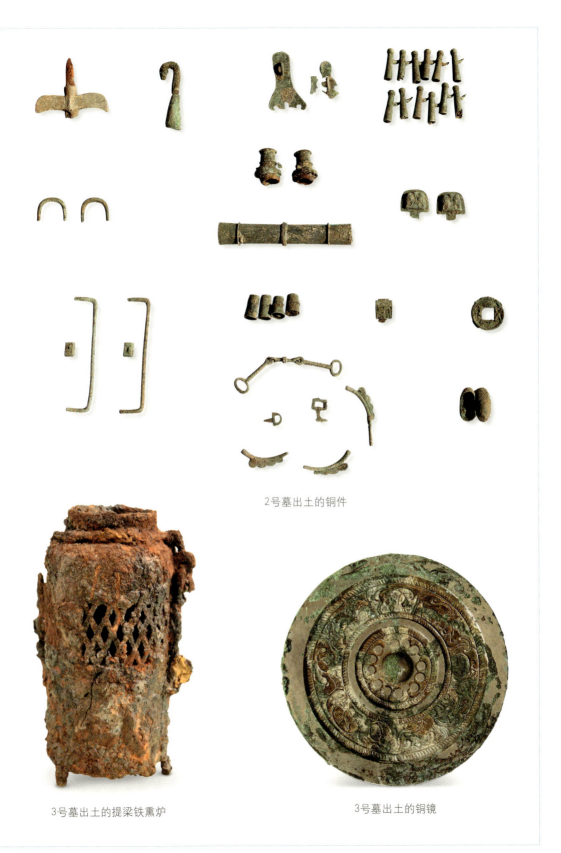

2号墓出土的铜件

3号墓出土的提梁铁熏炉

3号墓出土的铜镜

‖18‖ 玉泉区昭君墓

撰稿：武高明
摄影：武高明

全国重点文物保护单位。

位于玉泉区桃花乡的大黑河南岸，现于呼和浩特市文物事业管理处之下设立昭君博物院进行专门管理，由王昭君墓及一系列纪念建筑设施组成，占地面积205亩，是国家4A景区。

王昭君，名嫱，字昭君，西汉时南郡秭归人（今湖北省兴山县）。公元前37年，王昭君被选入后宫，为汉元帝待诏。

王昭君雕像

公元前33年，在汉匈两族人民迫切要求民族和好的形势下，王昭君自愿请行出嫁匈奴，做了单于的阏氏，促使汉匈两族之间保持了近半个世纪的和平相处。

在中国历史上，王昭君是一位献身于中华民族团结的伟大女性。数千年来，她的传说、故事在中国民间广为流传，家喻户晓。自唐、宋以来，历代文人咏唱昭君、抒发情感的诗文、歌词、绘画、戏曲更是数不胜数，形成了千古流传的"昭君文化"。

昭君墓坐落于昭君博物院北端，高33米，占地面积1.3万平方米，由汉代人工积土、夯筑而成，覆斗式形状，属西汉时期纪念性建筑，蒙古语俗称为特木尔乌儿虎，意为"铁垒"，文献记载称为"青冢"。相传每年到了凉秋九月、塞外草衰的时节，周围草木枯萎，唯独昭君墓的草色依然青青，故名。又据近代学者张相文《塞北纪行》解释："塞外地多白沙，空气映乏，凡山林村阜，无不黛色横空，若

昭君墓墓体

鸟瞰图

泼浓墨。故山曰大青山，河曰大黑河。昭君冢烟雾朦胧，远见数十里外，故亦曰青冢，附合青草，盖诗人好事之辞也。"据考证，蒙语"呼和浩特"汉语意为"青城"，就是因为青冢而得名，"青冢拥黛"曾被誉为呼和浩特八景之一。由于昭君墓周围景色宜人，加以晨曦与晚霞的映照，墓景时有变化，故民间传说墓体有一日三变，"晨如峰，午如钟，酉如枞。"即早晨像个山峰，中午像个大钟，傍晚像个鸡枞。

关于昭君墓的记载，最早见于盛唐时期李白、杜甫等人的诗中。李白的《王昭君》写道："生乏黄金枉图画，死留青冢使人嗟。"杜甫的《咏怀古迹》写道："一去紫台连朔漠，独留青冢向黄昏。"据统计，唐代写到青冢的诗人近二十人，这

说明昭君墓在唐代已经广为人知，远近闻名。在古代文献中，最早提到昭君墓的是稍晚于李杜的唐代杜佑著的《通典》："金河，有长城。有金河，上承紫河及象水，又南流入河。李陵台，王昭君墓。"宋代乐史著的《太平寰宇记》记载："青冢在（金河）县西北，汉王昭君葬于此。其上草色常青，故曰青冢。"《宋史》中《王承美传》，《辽史》中《太祖记》、《地理志》，《元史》中《太祖记》、《木华黎传》，均都有青冢记载。从唐代以后，宋元明清歌咏青冢的诗作越来越多，成为文人们关注的目标。到了清代，关于青冢及其配套建筑记载比较详细。清初唐建中《题青冢图》诗中曾描绘道："我时往拜值寒食，系马冢前古柳枝；此柳亦遗汉宫物，枝枝叶叶皆南垂。下有无名之石兽，上有无主之荒

祠；兽腹依稀青冢字，刻画认是唐人为。祠中络绎献湩酪，碧眼倒地呼阏氏；至今牧儿不敢上，飞鸟绝声马不嘶。"从以上文字中可以看到石兽似应为唐代遗物，但实物已不存在，无从考证。清初张鹏翮《奉使俄罗斯日记》中写道："城南负郭有黑河青冢古迹，远望如山。策马往观，高二十丈，阔数十亩，顶有土屋一间，四壁垒砌，藏有瓦瓮，此喇嘛所为也。……冢前有石虎双列，白石狮子仅存其一。……绿琉璃瓦砾狼藉，似享殿遗址，惜无片碣可考。"文中还记载青冢傍有一株大柳树，"下有古柳一株眠地，中空如船，而枝条上伸，苍茂如虬，窠有乌鸦，较中国却大而声哑。"清初诗人徐兰曾专门写有《青冢前卧柳》诗："谁栽一株柳，万古覆美人；纵非汉时物，约略应千春。春风自东

来，叶叶如含颦；长条覆数亩，其下无纤尘。塞外地苦寒，土人恒患贫。……此柳得稳卧，无乃有鬼神。"可见当时青冢周边古柳依依，景色宜人。清初钱良择与张鹏翮同行，在《出塞纪略》中提供了更加详细的记载，而且有好些内容为张所未提及。"冢高三十余丈，广径数亩。冢之南，琉璃瓦碎者成堆。……石虎、石马各一，色黑；石狮一，色白；石幢一，镌蒙古书，竖幡于上，……冢巅有土人垒做小方亭，藏画佛及绸布、豆麦，以土坯堵其四面。"钱氏也注意到那棵古柳，他写道："冢旁一大柳，其根分为二，相去三尺余，去地数天复联为一，骨去皮存。围径丈余，偃卧数丈，浓荫覆地，苍翠扑人。"可见这棵古柳堪称清代昭君墓一绝，可惜此树早已不存。从上述记载中可知，至少从明代到清初，昭君墓地面配套设施已形成，布局接近汉代陵墓形制。墓顶有祭祠，墓体有享殿，古柳横卧，石兽对列，融入了喇嘛教文化的内容。说明明清两代各族人民对昭君的敬仰之情逐加浓厚，昭君墓逐步成为塞外各族人民共同纪念的圣地。

清末民国，昭君墓地面遗迹所剩无几，清张曾在《归绥识略》记载："青冢在归化城南二十里，黑河侧。高十余丈，土色黝然，望之如山。……今无草，墓体有石马一，石幢一，残缺不全石碑三俱，近代立。"1930年冯曦撰《青冢植树记》碑文有："始掘土获梵文经卷，随风湮灭，既而石虎现，木柱现，而零星璃瓦碧苔叠篆犹不可更仆数，知古人于冢右实有大招提。"

20世纪50年代，在包头麻池汉墓中发现了"单于天降"、"单于和亲"、"千秋万岁"、"长乐未央"等瓦当构件，与

墓表

和亲园

传世的"单于和亲"鸳鸯砖也印有"长乐未央"等吉祥语类似，从考古角度印证了昭君出塞和亲这一历史事件，为昭君墓存在于大黑河南岸的可能性提供了佐证。

新中国成立后，党和政府历来重视保护昭君墓，不同时期拨出大量资金，进行多次培土、加固，防止水土流失，并派人专门看护青冢。1964年10月，青冢被列为内蒙古自治区重点文物保护单位。1977年，成立昭君墓文物保管所，从此昭君墓文物保护纳入了正常管理轨道。从20世纪70年代中期到80年代中期，为适应文物保护与旅游接待需要，开通了通往墓顶的东西两侧梯状踏道，在墓顶及墓前兴建了两座清式六角亭。80年代后期到90年代初期，对墓体进行了几次大规模培土，保持了水土，恢复了青冢的原始风貌，在墓体四周筑起了防护石墙和环形道路，在墓体上栽植了大量松柏树木，文物保护环境得到根本改善。1997年，昭君墓景区第二次维修扩建中，在拓宽墓体前平台及其台阶工程中，在基槽中发掘出许多黄琉璃勾头、滴水（纹饰为金刚杵图文）、脊筒子残件（纹饰为梵字）、泥质小佛像等，显然属于喇嘛教遗物，与清代人的记载相符。鉴于昭君墓的历史和社会价值，2006年，昭君墓被国务院公布为全国重点文物保护单位。此后，墓体的保护成为重中之

重，制定了长期和近期保护规划，每年划拨固定的经费进行绿化、培土，最大限度确保了墓体的原始风貌。

现在的昭君墓巍然屹立，翠绿成荫，墓门南向，走近墓前，迎面是宽10米的阶梯通道，相连四级平台，在第四级平台上建有东西对称的两座六角攒尖凉亭，亭内分别竖立两通汉白玉石碑，碑文为蒙汉文书写的"王昭君之墓"。亭后环绕墓身铺有阶梯，沿阶梯可直登墓顶。顶部呈台体状，上建红柱琉璃瓦攒尖凉亭一座，1997年7月内立石碑，正面刻有王昭君画像，背面题有"大德荫子孙，抔土埋忠魂"的题词。环绕墓顶四周，筑有汉白玉围栏。墓体外围防护墙上嵌有现代人书写的37块诗文碑刻。

在昭君墓体正面东西两侧，分别矗立八通石碑，同样具有很高的历史文物价值和艺术欣赏价值。根据清初钱良择记载，墓前"惜无碑碣可考"，得知清以前昭君墓未留下碑刻遗物。现存最早为清道光十一年昇寅题汉明妃冢碑，为七言诗文并序；道光十一年耆英题汉明妃之墓碑，为五言诗；依次为道光十三年绥远将军彦德题青冢碑，为五言诗；1916年天津李廷玉题汉明妃墓碑，为七言诗并序；1923年马福祥题青冢王昭君之墓碑，为记事文；1926年吉鸿昌将军题懦夫愧色碑，为序

单于大帐

匈奴文化博物馆

文；1930年国民政府绥远省政府主席李培基题昭君青冢，为六首七言诗；1930年冯曦题青冢植树碑，为记事文；最晚为1936年著名学者傅增湘题昭君墓二首，为七言诗并序，刻在耆英碑正面两侧。以上碑文内容诗文并叙或兼诗有文，观研其义，褒贬不一，体现了历代诗文中对昭君出塞的典型评价。

昭君博物院前身为昭君墓文物保管所，经过三十多年的建设与发展，尤其是三次大规模维修扩建，已经形成了非常丰富的以昭君墓为核心的昭君文化展示内容，以及比较完善的配套设施，从而成为了解内蒙古自治区悠久历史和灿烂文化的重要场所。

博物院文化设施主要有汉代阙门、嫦云浮雕、董必武题诗碑、王昭君雕像、神道石像生、青冢牌坊、和亲铜像、匈奴文化博物馆、昭君纪念馆、和亲园、青冢藏墨、单于大帐、墓表、昭君传说故事陈列、历代诗碑廊等。

"琵琶一曲弹至今，昭君千古墓犹新。"今天的昭君墓，宛如北方草原上一颗璀璨的明珠，闪耀于青城大黑河畔。

和亲铜像

⫼19⫼ 和林格尔东汉壁画墓

撰稿：陈永志
图片采自内蒙古自治区博物馆文物工作队《和林格尔汉墓壁画》

全国重点文物保护单位。

1971年9月的某一天，和林格尔县新店子公社小板申村的社员们在修造梯田时，偶然发现了一座大型的汉代砖室墓，在这座墓葬的墓壁及甬道两侧绘满了颜色鲜艳的壁画，画幅巨大，内容丰富，画面内容形象生动，这是新中国成立以来内蒙古自治区发现的最为重要的东汉时期的壁画墓，它的发现对于研究东汉时期的庄园制度具有非常重要的意义，由此被评为七五期间我国的重大考古发现之一。

这座汉墓位于黄河最大的支流浑河北岸的一处高地上，高地两侧有对称的双翼形山冈，有如展翅飞翔的凤凰，凤头前伸入河床正好与河对岸凸起的黑红色山冈相对，地理位置十分显赫。古墓全长19.85米，由墓道、墓门、前室、中室、后室及三个耳室组成，平面呈双十字形，墓室以青灰色条砖平砌成穹隆顶，墓高3.6~4米，前、中、后室皆以方砖铺地，砖面书写有"子孙繁昌，富乐未央"八字。墓葬早年被盗，在前室券顶有大型盗洞一个，墓内随葬品大部分被盗，余下已成碎片，棺木焚毁，尸骨仅存牙齿、椎骨、臂骨等，从破碎的陶器残片中，整理出土罐、鼎、案、尊、耳杯等文物71件，并出土有残铜镜1件，铁器7件，漆器残片若干。

此次发掘最重要的收获是在墓壁上发现了大面积的壁画，计有56组，57个画面，榜题250条，总面积有一百余平方米，全部壁画是一个相互联系的整体，着重表现的是墓主人一生的主要经历，围绕着墓主人主要的仕阶画面，还描绘了与之有关的出行、幕府、人物故事、庄园生

墓门

活、经史故事、忠孝祥瑞等内容。前室主要描绘墓主人从"举孝廉"、"郎"、"西河长史"、"行上郡属国都尉时"、"繁阳令"到"使持节护乌桓校尉"的做官经历。墓主人举孝廉出行场面为乘轺车，从骑，主车上方榜题"举孝廉时"。孝廉为东汉时做官晋升的第一个台阶，由当地郡吏选拔，能够被举之人都是豪强大族出身，具有一定的社会地位，当时曾流传有"举秀才，不知书，察孝廉，父别居"的歌谣，是对当时察举制度的讽刺。西壁中层的中部画有黑盖轺车七辆，主车旁榜题"郎"字，两旁有护骑，表明墓主人举孝廉之后即为"郎"职。"郎"即"郎中"，是东汉时期的朝官，是一种无具体职责、无官署、无员额限制的特殊官职，品秩三百石。西壁中层左上方画

"西河长史"出行场面，从骑簇拥主车，且行且猎。汉制，郡守之下即是长史，实际上是兼郡丞与都尉两职的实权人物。前室南壁中层往左，是"属国都尉出行"图，主车周围有众多武官、武士相随，左右点缀有狩猎场面。"属国"为郡级行政单位，主要职能是管辖境内的少数民族，属国都尉秩比两千石。中室东壁中层即是墓主人任繁阳县令时所居府舍图。繁阳县治设有子城，城墙高大，内设重檐仓楼，榜题有"繁阳县令官寺"等字。中室甬道券门上方，描绘的是墓主人赴宁城县(上谷郡)就任护乌桓校尉时途经居庸关的场景，墓主人的车骑途经一平顶桥，桥下水头之上榜题"居庸关"三字，桥上车骑之上榜题"使君从繁阳迁度关时"等字，这是有关居庸关的最早记述。再绕回前室中

出行图（摹写图）

车马图（摹写图）

层，横跨东北西三面墓壁即是《护乌桓校尉出行图》。墓主人所乘轺车，驾三匹黑马，榜题"使持节护乌桓校尉"等字，主车前后有鼓车、斧车，层层环护众多武官、兵丁，随从有"别驾从事"、"功曹从事"、"校尉行部"等下属官职，连车列骑，旗旌飘扬，场面极为壮观。中室东壁下半部描绘的是《宁城图》与《护乌桓校尉幕府图》。《宁城图》画有城垣、城门、衙署等内容，其中宁城南门外武士持戟列队、身着胡服的少数民族人物徐徐入内的场景最为突出。占据主画面的是《护乌桓校尉幕府图》，由于任护乌桓校尉官职是墓主人一生中最值得炫耀的经历，所以，此图描绘得最为详细夸张，是整个壁画中的核心部分。整个幕府分为堂院、营舍和庖舍三个部分，堂屋为高大的庑殿式房屋，墓主人端坐堂上，堂下艺人在表演乐舞杂耍，少数民族人物伏拜觐见，周围环立官吏武士，场面喧嚣隆重。营舍位于幕府后院，是幕府中管理军务的机构所在，庖舍位于幕府的西南角，掌管幕府厨饮之事。

后室南壁描绘的是一幅《庄园图》。庄园群山绿树环抱，坞堡、廊舍、栏圈、桑园、池塘、园圃以及马、牛、羊、猪等家畜无一不有，展示了一幅活生生的庄园生活画面。"二牛抬杠"的牛耕场面，说明在汉代这种先进的耕作方法已经推广到了内蒙古北方草原地区；厨炊图中的酿造场景，证实了《四月民令》中记载的制酒、酱、醋的事实；《桑麻图》中的女子采桑、沤麻场景，是《汉书·食货志》中记载的"还庐树桑"情景的再现；《牧马图》、《牧牛图》、《牧羊图》及《渔猎图》的出现，是大地主庄园自给自足经济生活方式的真实体现；《宁市图》中围墙式交易市场的画面，展现了中国北方草原地区各民族之间经济贸易往来的繁荣景象；中室西北壁的《燕居图》，后室北壁的《武城图》，描绘的是墓主人晚年养尊处优的生活场面，图中墓主人夫妇周围倡仆簇立，墓主人居室内外金玉满堂、鸡鱼满仓，淋漓地展示了墓主人穷奢极欲的生活场景，正如汉乐府诗《相逢行》中所言："黄金为君门，白玉为君堂；堂上置樽酒，作使邯郸倡；中厅生桂树，华灯

车马图

列马图

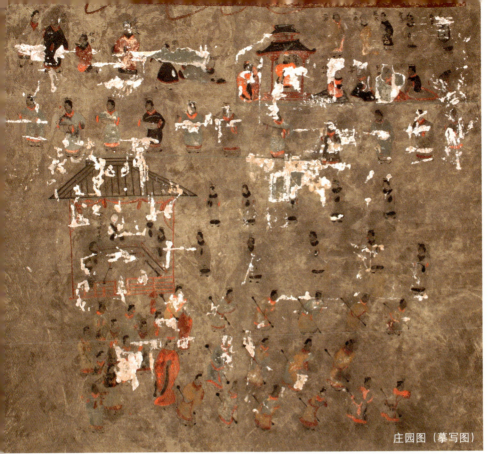

庄园图（摹写图）

《庄园图》

何煌煌。"

在中室南壁、北壁、西壁描绘有圣贤、忠臣、孝子、勇士、列女等人物故事，共八十多则，以榜题形式明确标示的有："晏子二桃杀三士"，"伍子胥逃国"，"孟贲、王庆忌、鲁漆室女、鲁义姑姊"，"后稷母姜嫄"，"契母简狄"，"京师节女"等等，除此以外，还画有"青龙"、"朱雀"、"玄武"、"灵龟"、"白狼"、"白鹤"、"玉马"等瑞兽图，这些图案周围，还点缀有祥云星月，使整个墓室充满了浓郁神秘的神学气氛。与谶讳内容相呼应的是儒学教育画面的出现。中室壁画的中层绘有学堂，堂内经师端坐方榻之上，边侧榜题有"使君少授诸先时舍"等字，堂内堂外听经学生恭敬肃立，以示"弟子弥众"。在这些表示精神思想内容的画面以外，最为突出

圣贤图（摹写图）

诵经列女图（摹写图）

的是娱乐场面的出现，在中室北壁绘有宏大的乐舞百戏场面，内容有飞弹、飞剑、舞轮、倒立、对舞等杂技项目，其中最为精彩的是橦技表演，一人仰卧在地上，手擎橦木，橦头安横木，横木两端各一人做反弓倒挂状，这就是杂技里最惊险的"跟挂倒投"动作，所有表演者均是赤膊、束髻，肩臂缠绕红色飘带，人物造型矫健优美。这组画面完整真实地向人们展示了中国杂技发展的历史状况，与东汉张衡《西京赋》中对当时乐舞百戏的描写正好吻合，说明东汉时期杂技艺术已经是扎根于民间，在民族文化交流与融合方面起到了重要的作用。

和林格尔汉墓壁画以其广泛多样的题材、丰富翔实的内容、娴熟高超的绘画技术，向我们展示了一幅东汉晚期内蒙古地区的人文地理风貌，壁画所承载的历史信息是异常丰富的，是我们研究东汉时期政治、经济、文化、艺术的珍贵实物资料。

魏晋北朝时期

东汉中晚期以来，鲜卑人逐步进入呼和浩特地区。220年，曹丕代汉称帝，中国历史进入了政权更迭最频繁的魏晋南北朝时期。在隋朝统一之前，中国大地上先后出现了三十余个国家政权，战火纷乱。这一时期，呼和浩特地区一直处于拓跋鲜卑的控制之下，拓跋鲜卑在这里建立了"五胡十六国"之外的第十七国——代国，并以这一地区为基地，入主中原，统一北方，建立了中国历史上第一个控制中原的北方民族王朝——北魏王朝，呼和浩特平原也成为北魏王朝的立足生根与民族兴盛之地。

拓跋代国在呼和浩特地区先后建立了具有都城性质的"定襄之盛乐"、"云中之盛乐"。从377年昭成皇帝什翼犍"葬金陵，营梓宫"开始，其后共有六位帝王、一位太子、11位皇后及众多陪葬臣僚死后葬于"盛乐金陵"、"云中金陵"。北魏明元帝拓跋嗣曾在"云中、盛乐、金陵三所，各立太庙，四时祀官待祀"（《魏书·礼志》）。关于金陵的位置，多推测在今和林格尔县、托克托县一带，但迄今没有发现，仍是一个扑朔迷离的谜。

第三次全国文物普查的成果显示，呼和浩特市境内共有魏晋北朝时期的不可移动文物点28处。除上述都城外，还有作为皇帝行宫的武川县土城梁古城和具有军事镇戍性质的回民区坝口子古城、武川县二份子古城。迄今发现并经发掘的鲜卑墓葬，有赛罕区大学路、美岱村、添密梁，土默特左旗讨合气，和林格尔县西沟子村、另皮窑、鸡鸣驿，托克托县皮条沟、苗家窑等。武川县北部地区分布有长约12公里的北魏长城。虽然盛极一时，但留存遗迹较少，也与拓跋鲜卑作为游牧民族的生活习俗有关。

20 武川县土城梁古城

撰稿：张文平
摄影：武明光　李洋

武川县重点文物保护单位。

位于武川县大青山乡土城梁村西北约1公里，修筑于海拔1800余米的大青山北麓一处较为宽阔平坦的山梁上，乌素图水流经古城东3公里的山谷中。

早年内蒙古文物工作队的张郁先生曾对土城梁古城作过调查。1988年，北京大学考古系教师苏哲带领学生对这座古城做了较为详细的调查并测绘，所得资料最为全面。

土城梁古城分南、北两城。南城面积较小，平面大致呈方形，南北长110米，东西宽102米。城墙仅残高0.2～0.4米左右，土质疏松，夯层不明显。北墙两端向前突出，使北壁堆积呈内凹的弧形，估计原东北、西北二城角曾修筑有向北突出的角楼、马面等设施，坍塌后墙土淤积成弧形。南墙中部有一座城门。城内中北部有一东西36.6米、南北29.5米、高2米的大型夯土台基，台基北缘有方形覆盆柱础石。台基上下及城内耕土层中含丰富的灰色素面残瓦。其檐板瓦前缘用手指按压成

古城远景

古城局部

水波纹，内印布纹，外素面；瓦当上模印隶书体"富贵万岁"四字，是典型的5世纪后期北魏遗物。

　　北城规模大于南城，城垣仅存南墙东段与东墙南段，残高0.4～1米，残宽约5米。南墙残长147米，东墙残长257米。古

城的西界与北界均不清楚。城内东部有一夯土台基，长约20米，宽约6米，周围散布大量残瓦，亦发现"富贵万岁"瓦当残件。

　　《水经注》有一大段内容写到位于今呼和浩特北部大青山一带的北魏皇帝行

古城柱础

古城柱础

宫、边防镇戍城以及前朝旧迹等，其中白道中溪水"西南流，历谷，径魏帝行宫东，世谓之阿计头殿。"今"白道岭"所在蜈蚣坝一带的溪水中，以乌素图水最大，应为北魏时期的白道中溪水，土城梁古城恰好位于乌素图水的西山上。《水经注》描述阿计头殿，写到"其城圆角而不方，四门列观，城内惟台殿而已"，亦与土城梁古城南城大体相符。

21 回民区坝口子古城

撰稿：张文平

摄影：齐纬

残存的东墙部分墙体

东墙夯层

位于回民区攸攸板镇坝口子村南河槽东岸，地势由北向南倾斜。北扼大青山北麓的蜈蚣坝山口，南临土默特平原，控制着连接阴山南北的交通要道。

早年内蒙古文物工作队的张郁先生曾对坝口子古城做过调查。1988年，北京大学考古系教师苏哲带领学生做了较为详细的调查并测绘，所得资料最为全面。

古城平面呈长方形，南北长585米，东西宽340米。南墙向北202米处有一道横断全城的东西墙，将城分为南、北二城。由于受山洪暴发和清末以来村落建筑的破坏，四面墙体均残缺不全。从残存的南城东墙部分墙体观察，可知墙体由三重夯土夹筑而成，中部夯土基厚约3.4米，外侧夯土基亦厚3.4米，内侧厚约1.8米。夯层清晰，厚约5～6厘米，夯窝径约4～5厘米，土色灰褐，质坚硬。

北城中部筑有三座南北相连的子城，俗称"里罗城"。南起第一子城南北长约104米，东西残宽88米；南起第二子城南北长约80.5米，东西残宽92米；南起第三子城南北长约82米，东西残宽94米。南起第一子城南部地面上散布有数量较多的汉代绳纹瓦和北魏素面瓦，还有灰色绳纹夹

出土的库思老一世银币

砂陶片、绳纹砖等，部分遗物或可晚至隋唐。南城内遗物甚少，亦未发现建筑遗迹。城内曾出土萨珊波斯卡瓦德一世银币一枚、库思老一世银币三枚。1974年，发现北魏石刻佛像残背光。

出土的卡瓦德一世银币

由于古城遭破坏严重，且未经发掘，对于北城、南城、各子城的始建年代是否一致及增修沿用等情况，尚无法得知。古城以北，蜈蚣坝山口两侧岗阜上曾发现大量汉代灰色绳纹瓦，估计当时谷口制高点上也曾建有军事设施。

古城为《水经注》所记之北魏白道城，其在军事上的作用是守卫白道南谷口。从古城往北有通往山后的交通要道——白道，这条道路修筑在凝灰岩构成的山梁山，高出地面3～5米，宽约20～30米，南北长380米，远远望去呈现出如石灰般的灰白色，因而被称作白道。白道周围一带的大青山为白道岭，其范围北可达武川县城可可以力更镇，西至水磨沟一带。

"三普"调查时采集的标本

‖22‖ 武川县二份子古城

撰稿：张文平

摄影：马登云

武川县重点文物保护单位。

位于武川县二份子乡乡政府所在地西1.5公里的丘陵地带，坐落在四面环山的谷地中，其中北山有一山口直通达尔罕草原，源于大青山北麓的巴拉盖河从古城的东、西两侧流过，104省道柏油路东西向穿城而过。汉外长城南线和金界壕分别自古城东北方向与正东方向延伸而过。

二份子古城城区地势南高北低，古城内、外均已开辟为耕地。城址平面形制

城内现状（西北—东南）

呈长方形，只有东北角城墙为躲避河流而修筑成内抹状，整体南北长758米，东西宽725米。四面城墙均可辨识，104省道柏油路造成东、西城墙断豁，省道北侧与之平行的一条土路也导致西墙出现豁口。西墙土路豁口的南侧断面上，可见城墙的清晰剖面，呈半圆形，中间为原始的夯筑土墙，两侧为坍塌堆积，整体底宽16米，顶宽2米，残高1.8米。其中，原始夯筑土墙基宽2.2米，顶宽1.2米，残高1.3米；夯层厚19厘米，夯层中的夯窝直径11厘米，深6厘米。除东北角城墙外，其他三个城角均有角台址，北墙残存有一个马面，南墙和东墙各残存有两个马面。南墙中部辟门，门宽7米；东墙中部原也可能有门址，由于其北侧墙体顶部被利用为砂石路，南侧墙体大部分毁于河水冲刷，门址存在与否已难于确认。城内较为平坦，东北部耕地中分布有灰土圈五、六处，见有带黑色烟炱的石板。地表散布陶片较多，瓦片较少，发现牛腿骨等动物骨骼。采集的陶片可辨器形有泥质灰陶盘口罐，外唇施戳印纹；泥质黑陶磨光罐，肩部滚压波浪纹；灰陶壶和灰陶盆。部分器表施平行划线纹或平行划线纹与波浪纹组合，亦有较多素面者。

古城西南距包头市固阳县白灵淖城圐圙古城（北魏怀朔镇镇址）51公里，东距包头市达尔罕茂明安联合旗希拉穆仁城圐圙古城（北魏武川镇镇址）42公里，地扼大青山通往达尔罕草原的交通要道，是起到呼应怀朔镇与武川镇作用的一座军事戍城。

城墙局部及保护标志

古城北墙（西—东）

古城西墙（北—南）

城墙断面所见夯窝

撰稿：霍志国
摄影：霍志国

‖23‖ 和林格尔县鸡鸣驿北魏壁画墓

　　位于和林格尔县大红城乡榆树梁行政村鸡鸣驿自然村东1.5公里处，南距浑河不远。1993年8、9月间，内蒙古自治区文化厅北魏金陵考古小组对该墓葬进行了清理发掘，由于遭盗掘破坏严重，墓内随葬品所剩无几，但存有近20平方米的彩绘壁画，具有重要的文物和艺术价值。

　　墓葬由墓道、甬道、前室、后室等几部分组成，全长22.6米。前室较大，平面呈方形，四壁呈弧形外凸，边长4.6米，面积近20平方米。后室形制为四角攒尖顶式，面积较小，仅有5平方米。

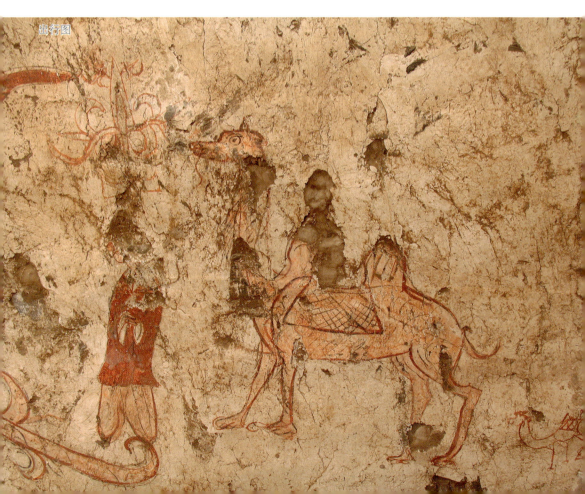

出行图

骑马出行图

壁画主要分布在前室四壁和甬道两壁上，色彩鲜艳，内容丰富，绝大部分保存完好。壁画题材以写实为主，可以分为入仕升官、宴居生活、游牧狩猎、死后升天和四神图等五部分。此外，在主题画的空隙处还绘有莲花、采桑、虎牛咬斗、牧羊和鹿的图像。壁画的色调有红、黑、橘黄和石青几种。画法是先用红色线条作画稿，然后再以墨线勾勒，最后敷色。其用笔的简练、率意、朴拙之风，给人以粗犷放达、遒劲有力之感。

壁画有对现世生活的描绘，如狩猎、游乐、燕居等场面；有升仙祥瑞等道教内容；还有鹿脚生莲花、株状似芭蕉的植物等佛教因素。通过这些画面，折射出魏晋北朝时期思想观念多元、丧葬观念趋于复杂的特征。

壁画还表现出一种胡汉杂糅的特征。所绘人物都穿前领开衩的宽袖长衫和短衫，成年男子都头戴二梁冠、脚穿脚尖上翘的鞨靴，女子头顶起髻。根据这种人物服装鲜卑色彩与汉服特征并存的特点，初步推断该壁画墓的年代应在486年北魏孝文帝开始实行新服制以后，迁都洛阳之前。

对马图

道别图

坐骑图

撕斗图

牛车图　　　　　　　　　　　　休闲图

官吏图

隋唐时期

隋唐时期，呼和浩特地区一度为东突厥汗国的统治中心，但考古发现的相关遗存极少，初步推断位于赛罕区金河镇的西达赖营古城可能即东突厥启民可汗牙帐所在的金河城。

第三次全国文物普查的成果显示，呼和浩特市境内共有隋唐时期的不可移动文物点14处，主要是以中原文化为主体的考古遗存，体现为城址、墓葬两类。如和林格尔县盛乐古城在唐代先后为云州、云州都督府、单于大都护府和振武军节度使治所，托克托县东沙岗古城内的"大皇城"遗址为唐代景龙二年（708年）张仁愿修筑的东受降城，托克托县蒲滩拐古城是唐代宝历元年（825年）张惟清徙修的东受降城。

发现或发掘的唐墓较多，有和林格尔县盛乐古城周边、大梁、南园子和清水河县山跳峁等墓葬。唐墓的墓葬形制一般分为土洞墓和砖室墓两种，土洞墓又有直洞室墓和偏洞室墓，砖室墓均为单室，皆由墓室、甬道、墓门、墓道四部分组成，墓室多以仿木结构砌成，分为圆形和方形两类，部分砖室墓内壁绘有壁画。

隋炀帝于大业三年（607年）八月，举行了声势浩大的"甲士五十万"的紫塞巡访，亲临位于今呼和浩特平原大黑河周边地区的启民可汗牙帐，确认并重申了开皇十九年（599年）隋与东突厥建立的宗藩盟约，并颁下《褒显启民可汗诏》以实现隋朝对东突厥的有效羁縻。隋炀帝踌躇满志，耀武扬威，赋诗曰：

鹿塞鸿旗驻，龙庭翠辇回。毡帐望风起，穹庐向日开。呼韩顿颡至，屠耆接踵来。索辫擎膻肉，韦韛献酒杯。何如汉天子，空上单于台。

24 ‖ 赛罕区西达赖营古城

撰稿：张文平
摄影：张文平

呼和浩特市重点文物保护单位。

位于赛罕区金河镇西达赖营村北侧的冲积平原之上，周边地势平坦，北距大黑河5公里。

西达赖营古城平面呈长方形，南北长410米，东西宽360米。夯筑城墙，东墙、北墙均已破坏无存，南墙保存最好，宽近20米，残高2～3米，西墙上保留有两座马面。部分地段墙体的夯层清晰可见，厚0.11～0.17米。古城门址已破坏不清。城内散布遗物较少，可见颈部饰三条平行线纹的泥质灰陶罐残片，板瓦较多见，瓦背多饰网格纹，瓦腹多饰布纹。以前有人认为这是一座汉代古城遗址，不确。该古城东北4公里左右为汉代的八拜古城，这么近的距离，在汉代一般不会建有第二座城

古城西南角

古城南墙

古城西墙

地表散布的瓦片

地表散布的瓦片

城墙断面夯层

址。古城地表散布遗物极少，也不符合汉代城址的特点。

隋朝开皇二十年（600年），隋文帝曾为东突厥启民可汗修筑金河、定襄二城居住，均位于今土默特平原地区。大黑河在汉代称荒干水，北魏称芒干水，到隋代称金河。有的学者将芒干水等同于荒干水，不确。荒干应是一个汉语词，有北荒的意思在里面；而芒干是鲜卑语，与现代蒙古语同义，为"银子"的意思，拉丁文转写为"mueng"。至于金河，应是突厥人的称呼，突厥起源于阿尔泰山，即金山，来到大黑河流域后，名从主人，将大黑河称作金河，将大青山（隋代以前一直称"阴山"）称作金山（《隋书》讹作"大斤山"）。金河城可能即位于大黑河沿岸一带的今西达赖营古城。

25 ▌托克托县蒲滩拐古城

撰稿：李春雷
摄影：石磊

托克托县重点文物保护单位。

位于托克托县双河镇蒲滩拐村西北的山梁前沿台地上，南临黄河。

蒲滩拐古城所在地势东高西低，南为坡地，北为深沟。古城平面呈长方形，南北长375米，东西宽350米。四面墙体中，东墙断续残存约200米，南、北墙破坏严重，均仅存一小部分，西墙已无存。城墙为夯土版筑，底宽20米，夯层厚0.06～0.1米。不见马面和瓮城等设施。

地表可见遗物有陶片、瓷片、建筑砖瓦、铁器和铜钱等。部分陶片上有"⊙"形排列组成的图案，或在器内壁，或在器表，排列有序，大小不一。瓷片多饰黄釉。砖以

东墙局部

城墙断面可见夯层

采集的陶器口沿

地表散布的铁片

沟纹砖最为典型，曾出土莲花纹瓦当、铁矛、铁骨朵和"开元通宝"铜钱等。

根据史料记载，结合出土实物，初步认定该城址为唐敬宗宝历元年（825年）张惟清徙修的东受降城。古城南部矗立着一个引人注目的高大土堆，当地百姓称为"王墓"。其高为5米，周长为80余米，夯土筑成，夯层厚度0.07～0.08米，应为和古城防御相关的烽火台。

第三次全国文物普查的成果显示，呼和浩特市境内共有辽金元时期的不可移动文物点732处。

丰州、东胜州和云内州等所谓的"西三州"均建于辽代，为金、元所沿用。丰州在辽代下辖富民、振武二县，其中富民为倚郭县，治今赛罕区白塔古城，振武县治今和林格尔县盛乐古城。金代丰州升格为西南路招讨司治所，下辖倚郭富民县和振武镇。元初废除军额，至元四年（1267年）省倚郭富民县入州。东胜州在辽代下辖榆林、河滨二县，其中榆林为倚郭，治今托克托县东沙岗古城中的"大皇城"，河滨县治今托克托县双墙村古城。金代东胜州下辖一县一镇，东胜县为倚郭，领宁化一镇。元初东胜州下设东胜县及录事司，至元四年并省入州。云内州在辽代下辖柔服、宁人二县，其中柔服县为倚郭，治今托克托县西白塔古城，宁人县今址不详。金代云内州辖二县、一镇，为倚郭柔服县和云川县、宁任镇。元初取消云川县，设录事司，至元四年省录事司、柔服县入州。此外，位于今清水河县窑沟乡的下城湾古城为辽代宁边州治所，金代沿用，辖倚郭宁边县。元初至元二年（1265年），宁边州建制撤消，原宁边州倚郭宁边县成为武州属县，至元四年省入武州。

这一时期，西三州的城市管理制度逐步完善，辽代有"州—县—乡—里社（坊）"四级管理体系，金代有"州—县—乡镇—里社（坊）"四级管理体系，到元代精简为"州—乡镇—里社（坊）"三级管理体系。城市的经济、交通和文化得到不断的发展，尤其是蒙元时期的呼和浩特地区凸显出一片繁荣昌盛的景象。

此外，在武川县境内由北向南分布有一百四十余公里长的金界壕。

26 ▏▏赛罕区白塔古城

撰稿：张文平
摄影：肖国华

内蒙古自治区重点文物保护单位。

位于赛罕区太平庄镇白塔村西南300米处，处于大青山南面、大黑河北岸的冲积平原上。

关于白塔古城，内蒙古文物工作队于20世纪70年代末、80年代初曾作过勘探发掘工作，但正式发掘报告一直没有发表，相关资料零散见于当时勘探发掘的主持者李逸友先生的一些研究文章之中。2008年，内蒙古自治区文物考古研究所对古城做了重新测绘。古城为辽金元三代沿用的丰州城，在辽金均为丰州天德军，元初废除军额，仍称丰州，原领倚郭富民县，至元四年省县入州。明洪武六年（1373年）废弃，宣德元年（1426年）复置，正统末年废弃。

古城平面呈长方形，正南北方向，南北长1000米，东西宽890米。由于在近现代辟为耕地，经常利用大黑河河水浇灌，城垣多已淤埋地下。城墙全部用黄土夯

古城远景

古城北墙局部

古城南墙

筑，西、南两面城墙较为明显，露出地表1～2米，东、北两面城墙仅能隐约辨出位置，且多所断缺，最高露出地表约1米。东、南、西三面城墙中部各开一门，外加筑方形瓮城，西门瓮城已破坏不清。由于现代公路和铁路正好从北墙中部穿过，已无法查明北墙上原来是否有城门。墙外附马面，马面间距约为65米。四角有角台残迹。

自东、南、西三面城门和北墙中部起，经钻探，各有一条大街通至城中央。城中央原有一大型长方形台基，在20世纪80年代高出地面约2米，现已难以寻觅。辽代的丰州天德军为节度使州，属于上等州城，完全是按照唐代中等城市的制度来设计施工的。全城分为四个坊区，按方位分别命名为东北坊、东南坊、西南坊和西北坊。城内十字大街，也按照方位分别称作东街、南街、西街、北街。官署、市肆、作坊、庙宇和民居分散在各个坊内。金元的城垣在辽代的基础上进行了加筑，坊区和街巷均沿用了辽代的名称。始建于

辽代的万部华严经塔位于城内西北坊中，塔前还有一座佛寺，辽代寺名失传，在金元时期称作宣教寺。

城内文化层堆积最厚达6米。地表散布有方砖、蟠龙纹瓦当、兽面纹瓦当和陶片、瓷片等。1970年古城内曾发现两瓷元代窖藏瓷器，共出土了六件珍贵的瓷器和一件陶质绿琉璃釉菩萨头像，瓷器包括钧窑香炉一件、钧窑镂空高座双螭耳瓶一

古城南墙剖面

古城南墙东端

古城南墙西端

古城北墙

对、龙泉窑缠枝牡丹纹瓶一对和龙泉窑缠枝莲纹瓶一件。钧窑香炉上阴刻"己酉年九月十五小宋自造香炉一个"的铭文，该己酉年被推定为公元1309年。

丰州和云内州、东胜州在元代合称"西三州"。蒙元时期的西三州相比较于辽代和金代，无论从经济的发展还是交通贸易的繁盛方面，都达到了一个前所未有的高峰。

西三州均位于今土默特平原之上，利用大黑河及其支流发展起发达的灌溉农业，种植的农作物多粟、黍，即现代俗称的小米和黄米。元初名臣刘秉忠有《过丰州》诗云："山边弥弥水西流，夹路离离禾黍稠。出塞入塞动千里，去年今年经两秋。晴空高显寺中塔，晓日平明城上楼。车马喧阗尘不到，吟鞭斜袅过丰州。"这首诗写到了大青山、大黑河、丰州城、万部华严经塔和道边的庄稼等，情景交融，堪为佳作，显示出元初的西三州地区在经过长期的动荡之后，已开始进入和平发展的轨道。

驿道交通是元代交通的主要特点，从中原通往岭北行省的"兀鲁思两道"（国道）之一的木怜道（马道）经过丰州。木怜站道从上都出发，西南行经李陵台，向西经兴和路宝昌州、威宁县和集宁路、大同路北境，由丰州西北甸城山谷出天山（今大青山），经净州路、砂井总管府，过"川"（译言"沙漠"）中，西北至汪吉河（今翁金河）上游，折北行达哈剌和林。丰州城内的在城站又称曳剌真站，甸

城山谷中有宽迭怜不剌站。此外，从丰州向西，经云内州、东胜州，沿黄河再向西经中兴府到达河西走廊，与传统的丝绸之路汇合，西可通中亚，北经亦集乃路可到哈剌和林。

西三州在蒙元早期一度受汪古部的统治，大量汪古部人迁居于西三州地区，景教是他们的主要信仰。

成吉思汗西征以来，中亚地区的回回平民和工匠被大批地掳掠东来，其他如贵族、军队、学者和商人等回回人也以各种不同的原因徙居内地，他们所信仰的伊斯兰教随之传布到了全国各地。回回人属于色目人的一种，政治地位仅次于蒙古人，为了抑制汉人和南人，回回官僚受到蒙古统治阶层的特别宠信，可以充任达鲁花赤。回回人以善于理财闻名，回回商人更是东、西方丝绸之路上最活跃的人群，与蒙元帝国的贵族高官关系密切。伊斯兰教受到元朝政府的种种优待，掌教人员答失蛮免除赋役，礼拜寺受到保护。蒙元时期西来的回回人最为集中的地区之一，便是丰州至宣德州（在今河北宣化县境内）沿线城镇。太宗窝阔台时，将阿尔浑军与从撒马尔干等处所掳的回回工匠3000户徙置于荨麻林（今河北张家口西南洗马林）和丰州以东诸地，专门从事织造纳失失等织物。《马可·波罗行纪》中专门记述丰州城中有琉璃制造业和驼毛制毡业等。

蒙元时期的西三州相比较于辽代和金代，无论从经济的发展还是交通贸易的繁盛方面，都达到了一个前所未有的高峰。当时西三州的居民，有原居民北人（包括汉人、契丹人、女真人），有征服者蒙古人，有实际统治者汪古人，也有善于经商、与蒙古贵族关系密切的回回人等。由于人种、民族的混杂与融合，元代的西三州人多面白貌美，马可波罗在丰州逗留期间对此印象深刻，为此在他的行纪里专门记上一笔。

西三州的三座州城均未经过正式考古发掘，许多反映当时富丽繁荣景象的遗存依旧沉寂于大地之下。元代的西三州是沟通整个蒙古帝国东西、南北交通的关键点之一，包括马可波罗在内的许多西来的西方旅行家曾路过这里，然后再到上都和大都。从上都出发经丰州北达哈剌和林的木怜站道、由东胜州经中兴府至河西走廊的驿道，从东西、南北两个方向沟通了东西方之间的交通。

‖27‖ 赛罕区万部华严经塔

撰稿：迟利
摄影：孙利民

全国重点文物保护单位。

位于赛罕区太平庄镇白塔村西南，耸立在丰州古城的西北隅，因塔身涂一层白垩土，呈现白色，俗称"白塔"。丰州古城建于辽神册年间，万部华严经塔建于辽兴宗至道宗时期。

辽代统治者特别崇奉佛教，在全国广建庙宇。辽代佛教鼎盛时期在983年至1101年间，即辽圣宗、兴宗、道宗时期。现今大同市、呼和浩特市保存的辽代佛教建筑，基本是辽兴宗至道宗时期所建造的。

万部华严经塔通高55.6米，八角七层，为砖木结构的楼阁式塔，由塔基、塔座、塔身、塔刹组成。塔内有回廊阶梯，可以逐级攀登到塔顶，在回廊内镶嵌有金代石碑九通，现保存有六通。石碑上雕刻着捐资者的姓名，从碑铭中可知丰州城的街道名称、大致布局及周边村落的基本情况。

塔身外面的第一、二层有砖雕佛教造像。第一层的东、南、西、北角的直棂窗上是佛像，高53厘米，螺发，面目不清，右袒袈裟。菩萨像共有16尊，服饰基本相同，每尊菩萨像的高度约在1.74米左右，

脚踩两重仰莲花座。一层由于自然、人为的破坏，造像保存较差，有些造像头部在"文革"期间被破坏；二层的砖雕造像保存得较好。

力士造像八尊，分别伫立在门的两侧。力士肌肉表现形象逼真，身高1.8米左右，手挂金刚杵，赤足站立在低矮的台座上，上身裸露，着短裙，充分显示力士的健壮与威武。

天王造像共有八尊，全部在二层之上，通高1.8米左右，执法器，着盔甲，每尊天王各执法器不同。塔身佛教造像、砖雕装饰精美，是辽代上乘之作。

辽代极为信奉佛教和萧氏家族有关，萧氏家族世代都为辽代的皇后，如辽圣宗钦哀皇后萧耨斤、兴宗仁懿皇后萧达里、道宗宣懿皇后萧观音，她们把持后宫，笃信佛教。兴宗皇后是应州人，应县

白塔全景

天王砖雕

塔体天王砖雕造像

塔体菩萨砖雕造像

木塔就是她的家庙，可以说萧氏家族促进了西京地区佛教的兴盛。还有一个原因是雕刻《契丹藏》，道宗自小喜欢华严经，他完成了《契丹藏》的刊刻工作。在中国北方有两部大藏经，即《契丹藏》、《赵城藏》。《契丹藏》也称《辽藏》，雕刻在辽圣宗重熙年间，完成在道宗清宁八年（1062年）。应县木塔在清宁二年（1056年）建成，在塔内发现了12卷的《契丹藏》。万部华严经塔藏经之处位于塔顶。在塔的顶部，修缮时发现中间地面有一个圆坑，上保留0.15米左右的木棒，这就是藏纳经书的转龙藏。转龙藏上面放上经书，有的靠人力推动，有的靠风力慢慢转动，犹如诵经一样，风吹到的地方都受到佛法的护佑。

万部华严经塔的回廊内有数百条墨书题记，最早的题记为"大定二年（公元1162年）"。在对白塔修缮的时候，发现了金代残碑，上面记载了修缮捐资的人名，主持修缮的是将军完颜希靖，从金代

史书对照，当时完颜希靖主管西京事务，此塔应在金代皇家的主持下修缮过。

辽代灭亡后，金元时期一直沿用万部华严经塔，到了明代，丰州城废弃，但白塔一直矗立于丰州滩之上。金、元、明各代游人在塔内壁上留下了很多墨书题记。题记者既有汉人，也有其他民族，甚至还有域外人士。题记使用的文字有汉文、契丹小字、西夏文、畏吾体蒙文、八思巴字、藏文和古叙利亚文等多种文字。据说，塔内壁上的古叙利亚文就是马可·波罗游历丰州时所题。这些题记内容非常丰富，是研究丰州城金、元、明时期社会历史不可多得的资料。

万部华严经塔为砖木结构的楼阁式塔，经历千年风雨，但依然耸立在丰州故城。经过精心设计，它大量使用了科学、合理的木结构，如同现在的圈梁，把木结构融合在塔体之内，形成砖木混合结构，逐渐向上收分，加强了稳定性。万部华严经塔是我国劳动人民智慧的结晶，对研究古代建筑具有极高的科学价值。

塔基砖雕花饰

‖28‖ 清水河县下城湾古城

撰稿：李春雷
摄影：靳军

清水河县重点文物保护单位。

位于清水河县窑沟乡下城湾村西南1公里处，这里地处黄土高原黄河东岸的台地上，西距黄河100米左右，河床与台地高差约20米。古城周围地势为山区丘陵地，沟谷纵横。

1997年，内蒙古自治区文物考古研究所对下城湾古城进行了考古发掘。发掘区位于古城内西部，布探方41个，揭露面积1025平方米，清理房址4座、灰坑19座、灰沟2条、建筑台基1座，出土了大量陶、瓷、铜、铁、石、骨器和建筑材料等遗物。

古城城内地势呈北高南低的坡状，平面呈不规则的梯形，北墙长于南墙，城内东北角是制高点。由于城内已经辟为农田，城里遗迹呈阶梯式分布。古城东墙斜向内收，长265、宽8、残高6.5米，其南段被毁。东墙中部设城门和长方形瓮城，瓮城长60、宽20米，门宽皆8米。南墙保存较好，长150、宽8、残高8米，中部设城门，宽8米，推测原来有瓮城，后因修筑梯田而破坏。西城墙沿黄河断崖走向呈不规则形状，长290、残宽3~5、残高0.5~1米，保存较差。北墙长245、宽8、

残高4～8米，保存较好。城墙四角各设一座角台，墙外筑有马面，马面集中于古城的东北部分城墙，南墙外未发现马面，可能被破坏。北墙的东段和东墙的北段外有护城壕。除西墙部分地段为石板垒砌外，古城的城墙、瓮城、马面、角楼均为夯土建筑。经钻探和调查，发现古城的大型建筑主要分布在城内中部和东北部。城墙所设马面、角楼、瓮城和护城壕等设施，反映出该城具有浓厚的军事防御色彩。

清理的四座房址中有两座保存较好。一座位于古城中部偏西北，平面呈长方形，为地面式砖构建筑，房内堆积中出土了一尊铜质人物造像，此处可能是一座庙宇建筑。另一座位于古城中部西城墙附近，平面亦呈长方形，为地面式土坯建筑，似为民居建筑。

出土遗物中完整的和可复原器物近

古城全景

城内阶梯级耕地

城墙夯层

三百件。陶器主要有瓮、罐、瓶、盆、锅、箅等。瓷器大多为残片，部分可复原，胎质分为粗胎、胎质略粗和细胎瓷三类；窑系主要有定窑、耀州窑、钧窑、磁州窑以及晋北地区和当地民窑，还有极少量的灵武窑系产品；釉色有白釉、耀州青釉、白黄釉、黄釉、豆青釉、黑釉、酱釉和三彩等；器形主要有瓮、盆、牛腿瓶、罐、钵、碗、盘、碟、器盖、杯、盏和支钉等；纹饰有缠枝纹、折枝荷花、牡丹、葵花、萱草纹和回纹等；装饰工艺有印花、剔花、刻划、绘单彩等。铜器有人物造像、铜环、钱币和饰片等。铁器出土较少，有铡刀、犁等。石器有石臼、石条、石兽等。骨器可见骨梳。建筑材料有长条砖、方砖、板瓦、滴水、筒瓦、瓦当、琉璃瓦、鸱吻和陶狮等。

经考证，古城为辽金两代相沿用的宁边州。元代至元二年（1265年），宁边州建制被撤消，其辖地被东胜州和武州各分一半，今鄂尔多斯市东北部一带划归东胜州管辖。原宁边州倚郭宁边县成为武州属县，至元四年省入武州。古城及其周边窑址出土的瓷器有属于蒙元时期者，由此可知该古城在元代仍继续使用，在至元四年以后，宁边县县治虽废，但居民仍存。

采集的遗物

古城东墙

‖29‖ 托克托县双墙村古城

撰稿：李春雷
摄影：石磊

托克托县重点文物保护单位。

位于托克托县双河镇双墙村东约200米处的山梁上。

双墙村古城平面略呈方形，东西长182米，南北宽178米。现存城墙残高2～3米，东、南、西三面城墙正中有豁口，应为门址。东门址比较清晰，墙基以下已冲刷成小片平地，可看出墙外还残存有长约20米的瓮城墙。西、南面豁口处所见残瓮城墙不足5米，墙外已是沟壑。城内水土流失后，北墙及西北部成为最高地带，从断面上可看出文化层厚不足1米，地表散布遗物不多，有陶片、瓷片等，瓷片可见磁州窑系白釉黑花瓷、黑瓷、钧瓷等。

对于该古城的行政建制，李逸友先生曾做过详细考证。辽代置东胜州时，是将原胜州居民驱至黄河东面安置，辽东胜州治所即今托克托县双河镇东沙岗古城中的大皇城。辽东胜州统县二，即榆林县、河滨县，榆林县为倚郭，河滨县治即双墙村古城。

古城西墙

古城北墙

古城东墙

⫶30⫶ 武川县东土城古城

撰稿：张文平
摄影：张强

武川县重点文物保护单位。

位于武川县东土城乡乡政府驻地西侧，处于平坦的山间平地之上，南面有现已干涸的河床，为抢盘河的一条小支流。

早年丁学芸先生曾对东土城古城做过调查。在第三次全国文物普查中，对该古城做了详细踏勘。

古城平面呈长方形，东西长约350米，南北宽约150米，门址不清，正方向为北偏西18度。受耕地破坏严重，断续残存城墙遗迹，西南角有一段长20米左右的南墙保存程度最好，夯筑而成，夯层清晰可见，基宽8米左右，残高约1.5米。采集有灰陶罐、盆残片和黑釉牛腿瓶残片、白瓷片、小口四系酱釉小罐等，征集有北宋铜钱和人物故事题材铜镜等。

1974年在东土城乡五家村曾征集铜印一方，为村民取土时发现。印为黄铜质，

不复存在的东城墙的大致走向

古城残存南墙

近方形，长10.8厘米，宽10.7厘米，通厚6.3厘米，重1.4公斤。长方形直纽，正面阳刻九叠篆体文"监国公主行宣差河北都总管之印"，正中有畏兀儿体蒙古文两行，意为"总管之印"。这里的监国公主，经考证为先后嫁给汪古部阿剌兀思剔吉忽里、不颜昔班、镇国、孛要合四位部主的成吉思汗的女儿阿剌海公主，在1204年以后下嫁汪古，大约从1217年左右起，统治该部二十余年，号为"监国公主"。监国公主的权力很大，除了管理汪古部内部事务外，还有权向其他一些被征服地区派遣管民官。这方铜印便是监国公主派往河北的"行宣差"、"都总管"的印玺。

监国公主印

一般把铜印与东土城古城联系起来，有的甚至把铜印的出土点径直安在东土城古城之上。实际上，铜印的出土地五家村距离东土城古城大约有8公里左右，二者在时代上也存在一定的差距。东土城古城的遗物集中在元代，古城规模较小，瓷器均系粗瓷，因此该古城的级别较低，初步推断为一处元代的屯田城。李逸友先生根据"甸城道路碑"石刻，考证此城为碑文中提到的距石碑出土地七十余里的天平，虽无确切证据，但有很大的可能性。

‖31‖ 武川县煤窑沟陶瓷窑址

撰稿：武明光
摄影：武明光

位于武川县得胜沟乡蘑菇窑村东约1.5公里的煤窑沟沟内。煤窑沟四面环山，窑址所在的北坡较为平缓。窑址南侧是一条较宽的沟谷，沟内有泉水，沟谷两壁可见烧制瓷器的高岭土，当地老乡称为"长石"。窑址北山上残留有挖煤的遗迹，堆积有很厚的矸石堆和煤土，这也是"煤窑沟"一名的来历。

由于山洪冲刷严重，山坡上沟壑纵横，陶瓷窑址的文化层直接暴露于地表之上，陶片、瓷片散布于长约150米、宽约100米的范围之内。遗址区地表残留数座窑址，其中三座遗迹较为明显，分布于北山南坡两条冲沟中间和沟西侧一处较缓的台地上，呈东南-西北向一字排列，相互间距在10米左右。

三座窑址均残留有窑门、窑室和附属灰坑等遗迹，为馒头形窑，用石片和长20、宽16、厚5厘米的土坯垒砌而成。较大的一座窑室长4.5米，宽3米，窑壁的下半部分挖在山坡的黄土层内，北窑壁较深，窑内有堆积的红烧土块和胶结物，有少量的素面夹砂陶片。较小的一座窑室长2.5米，宽1.5米，窑壁残高0.5米，窑门

残高0.4米，宽0.5米。窑址均有火烧痕迹，窑址周边散布大量的陶、瓷残片。

陶器均为夹砂陶，质地粗松，器形有盆、罐、钵、器盖等，纹饰有鱼纹、云纹等，均分布在器物的腹部。瓷器多为粗瓷，釉色以白釉、黑釉和酱釉为主，器表有白釉刻花、酱釉剔花等装饰，内底可见支钉或涩圈烧痕，器形有罐、瓮、盆、碗、鸡腿瓶等。

从瓷器的釉色分析，煤窑沟窑址的年代大体在金元时期，是大青山北部地区迄今发现的唯一一处金元时期陶瓷窑址，对于重新认识金元时期汪古部的陶瓷器来源有着重要价值。

窑址远景

出土的制瓷模具

地表散布的陶瓷片

出土的剔花瓷片

出土的素胎器物残片

出土的窑具

▍32▍清水河县塔尔梁壁画墓

撰稿：党郁
摄影：孙金松

位于清水河县窑沟乡塔儿梁村，西距黄河约3公里。墓葬结构保存较好，除了墓室顶部被破坏外，几近完整。另外，在距塔尔梁壁画墓不远处，经调查又发现与之形制一致的一座墓葬，从而确认此处应为一家族墓地。

塔尔梁壁画墓发现于2010年11月，进行煤矿挖掘揭取上面土层时，将墓室顶部的墓砖破坏，露出穹窿形墓室顶部，煤矿负责人随即上报清水河县文物管理所，经现场确认为一古墓葬后，由内蒙古自治区文物考古研究所对之进行了抢救性发掘。

共发掘墓葬两座，结构和出土遗物基

玄武图（北壁）

本一致。皆为砖券的穹窿式墓葬，由墓道为长方形斜坡式土道，甬道处两壁为砖砌，墓门为砖层层垒砌而成，所用墓砖皆为青灰色，墓底所铺砖规格较大。墓室内部为圆形穹窿顶仿木结构，穹窿顶不见绘制壁画，壁画仅见于墓壁四周。墓葬仿木结构从穹窿顶的下方开始，有砖雕的垄瓦、椽头、斗拱、立柱。立柱之间多见有砖雕的门、窗及生活工具等。墓葬内出土遗物不多，但壁画保存较好，虽然绘画技巧粗陋，但是色彩艳丽，内容丰富。

立柱将墓室四壁的壁画分成六组，内容包含较广。顶部以四神为主，代表四个方位的四神图案。四壁主题内容为有表现二十四孝的，可见"王祥卧冰求鲤"、"老莱子娱亲"、"郭巨埋儿奉母"等；有表现日常生活的夫妇《宴饮图》、《庖厨图》；有表现当时民间生活画面的《农耕图》、《打猎图》、《角斗图》、《钓鱼图》、《抚琴图》、《打马球图》等；有表现民间风俗的《丧葬图》，包括哭丧、出殡等内容；也有一些反映当时民间商旅的出行、贸易等方面的画面。

塔尔梁墓葬的壁画内容较为丰富，但是绘画技法、表现手法与中原地区有所不同，尤其是二十四孝图，以老莱子娱亲为例，中原地区大多以老莱子假装小孩子摔倒后哭泣或者是老莱子穿着色彩鲜艳的儿童衣服来表达这一故事，但此墓葬壁画则以父亲责打老莱子的内容来表现这一传统故事。这些差异，也为了解本地区与中原地区的文化传播、文化变迁方面提供了一些新的材料。

墓室内的棺床上不见人骨，而在塔式

墓内随葬的彩绘陶塔式罐

罐内发现有骨灰残留，判定采用的是火烧后将骨灰置于塔式罐内的丧葬方式。两座墓葬内出土遗物都较少，有彩绘塔式陶罐、酱釉盘口穿带瓶、白瓷碗和木马鞍等。

与塔尔梁墓葬形制相近、内涵相似的墓葬以前在本地区也有发现，如准格尔旗井子沟墓地、大沙塔墓地和清水河县深壕子墓地、刘胡梁墓地等。墓葬形制相近，皆为圆形砖室仿木结构壁画墓，出土遗物也较为接近，有塔式罐、白瓷碗、盘口穿带瓶等，故时代应大体相当。深壕子墓地出土过一件有纪年的陶砚，年代为西夏。但塔尔梁墓葬内壁画上出现有头戴硬翅帽

宴饮图西北壁

哭丧图（西南壁）

西南壁壁画全景

东北壁全景

出行图（东南壁）

南壁全景

捣米炊食图（北壁）

的人物形象，表明其时代应略晚，大体为辽金时期。

塔尔梁墓葬丰富的壁画内容，反映了汉族人在南流黄河两岸这一军事要地的生活习俗、经济方式、宗教观念等方面呈现的多文化交融的状态。虽然这一地区长期处于中原地区和北方民族混战之中，但是黄河两岸地区的汉人和其他北方民族之间仍然保持着一种融合的生活状态。

‖33‖ 赛罕区石人湾石刻

撰稿：武成
摄影：武成

石人湾远景

内蒙古自治区重点文物保护单位。

位于赛罕区黄合少镇石人湾村西北的山湾里，石刻所在地正对北部半圆形山湾的缺口处。石人湾村位于山沟形成的东西向河沟台地的北面，村南是大榆树河沟，有季节性河流向西流入大黑河。村东2公里是东五十家子村，村南4公里是南五十家子村，石人湾村正好处于呼和浩特东部进入山区的一个山湾处。村南山坡从西向东依次是狗小子沟、正圪旦山、顺梁山、北架山、斧刃山、脑包山；村北由西向东依次是大西梁、大西沟、小西沟、后梁、棋盘梁、东梁。

现地表遗存有石人1对、石羊1只。两个石人头部均缺失，通高1.8米，相对而立。两尊造像风格一致，面颊丰腴，仪态端庄，头戴宝冠，褒衣博带，线条流畅。人物姿态是正面立像，着高领长袍，腰系方形带板，束带前后下垂，扎蝴蝶形结。

石人与石羊

双手执如意形笏板于胸前，呈朝见之姿。
石卧羊的头部也残失，处于两人之间，呈
卧姿，形体肥硕，生动逼真。石刻南边河

对岸的台地上，散布有辽代的陶瓷片和砖
瓦建筑构件等。

　　石刻附近树立一方保护标志，文为：

"此墓为呼和浩特地区唯一一处地表存有墓仪的辽墓。2006年，内蒙古自治区人民政府公布为重点文物保护单位"。从这三个石刻的雕刻风格来看，具有辽代墓前石像生的特征。古代一般品级较高的官员墓前才立石像生，且多出现在皇家贵族墓群

石人正面

石人背面

无首石羊

石人旧影

里，大小、数量、形貌都会有严格的规制遵循，驱邪、镇墓、皇权、威武等是石像生的基本功能。但是，三个石刻后面的古墓在哪里，尚无从知晓，因此暂不宜遽定为辽墓。就石刻而言，从体量及雕刻精美程度看，均可以称得上是呼和浩特地区辽代石刻艺术的精品。

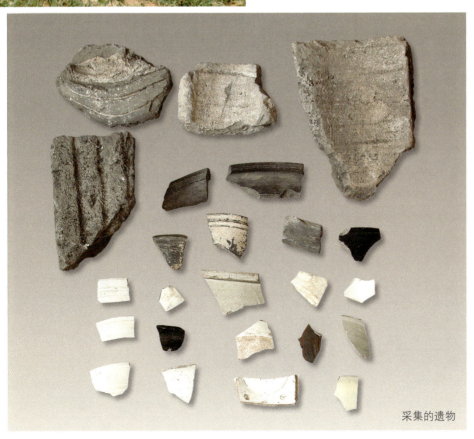

采集的遗物

第三次全国文物普查的成果显示，呼和浩特市境内共有明清时期的不可移动文物点203处。

有明一代，明王朝与北元蒙古南北对峙。呼和浩特南部地区有明朝修筑的军事卫所和长城，著名的卫城有东胜卫（今托克托县东沙岗古城）、镇虏卫（今托克托县黑城古城），云川卫（今和林格尔县大红城古城）和玉林卫（今和林格尔县榆林城古城），明长城大边、二边一北一南横贯于和林格尔县、清水河县境内。在当时称作丰州滩的呼和浩特平原地区，有北元蒙古土默特部建立的"大明金国"。明代中期以后至明末，呼和浩特地区为蒙古游牧贵族主导时期，由于明朝与土默特蒙古双边政治关系的和解、边贸的发展，呼和浩特地区迎来了一个相对和平、稳定的发展环境。由于各种原因进入大青山脚下的汉族移民开始建立一种新的聚落形态——板升，并逐渐成为早期城镇的雏形。而这种居住形态也被蒙古统治者所利用，开始建立具有宗教圣地和贵族宫殿双重意义的小型城市，呼和浩特地区明代以来第一座真正意义上的城市——归化城，就是在这一时期建立起来的。归化城建立之后，无疑是呼和浩特地区当时最重要的城市，从规模上来说，自然成为唯一的中心城市。归化城内及周边召庙林立，亦有"召城"之称。

清代一统之下的呼和浩特地区有着多重的管理体制，有管理蒙民的土默特左、右两翼旗，有统率绥远城八旗驻防军的绥远城将军衙署，有管理汉民的归绥道及其所属各厅，有管理喇嘛寺院的喇嘛印务处，还有一个不属于上述所有行政管理机构的府邸——公主府。这五大行政管理机构各有其相对的独立性，但它们相互之间又有着广泛的联系，因它们而保留下来的各类不可移动文物，构成了今天的呼和浩特市成为"历史文化名城"的主要历史文化遗产。

34 托克托县东沙岗古城

撰稿：张文平

摄影：石磊

内蒙古自治区重点文物保护单位。

位于托克托县双河镇西北东沙岗，建在黄河东岸高出河道四十多米的山梁上，北面和东面是土默特平原，南面为起伏不断的丘陵山区。大城城内西北部有东西毗连的两座小城，西城俗城"大皇城"，东城俗称"小皇城"。

内蒙古自治区文物考古研究所的李逸友先生曾对东沙岗古城做过较为详细的调查，可分为三重城，并对三重城垣的具体修筑年代、建制沿革等作了具体考证。大城最早为明代东胜卫故城，阿拉坦汗时期为脱脱城，清代改称托克托城；大皇城为唐朝景隆二年张仁愿所筑东受降城、辽金元东胜州故城；小皇城为金代东胜州子城。

大城平面略呈长方形，南北长2410米，东西宽1930米。城墙以土夯筑而成，

大城西南角

基宽14米，顶宽6.5米，残高9～12米。四面城墙正中开设城门，并加筑有瓮城。

大皇城平面呈长方形，东墙长630米，南墙长470米，北墙长500米，西墙即大城的西墙，长620米。东、南、北三墙残高5～8米，墙上都残存有距离不等的马面，东墙正中还残存一座瓮城。在大皇城内发现了很多唐代的遗迹和遗物。城内

西南隅距西墙约50米处有一处建筑基址，发现唐代砖瓦、柱础石以及海兽葡萄纹铜镜、"开元通宝"铜钱等。

小皇城西与大皇城相连，西墙即利用了大皇城东墙，平面略呈方形，东西长380米，南北宽350米。墙体残高仅2米许，墙上残存的马面不多，未发现明显的城门。

元代青釉菊瓣纹盘

元代龙泉窑双鱼洗

元代三彩釉熏炉

元代卵白釉双龙纹高足杯

元代玉壶春瓶

古城西墙

‖35‖ 托克托县黑城古城

撰稿：李春雷
摄影：石磊

城墙夯层

托克托县重点文物保护单位。

位于托克托县新营子镇黑城村村中。

黑城古城平面基本呈正方形，南北约1235米，东西约1240米，保存状况良好。四墙正中设置城门，并筑有瓮城，城墙最高处有5米。1928年，托克托县保安队于古城中得一古铁炮，上铸"洪武七年凤阳行府茂军匠造"字样。1929年，黑城村村民在古城西门内打井时，得方砖两块，上面刻有分段筑城监工人姓名和"洪武二十八年四月　日"等字样。新中国成立

古城东北角

后，村民于城内打井又得铜火铳数件，并铸有洪武年号字样。

据《明史·地理志》记载："镇虏卫，洪武二十六年二月置。"又载："镇虏卫，永乐元年二月徙治。宣德元年还旧治。正统十四年迁置天成卫，而卫城遂废。"结合史料记载和古城出土文物，可以明确该古城为明初镇虏卫治所。

古城西北角

南城墙局部

‖36‖ 和林格尔县大红城古城

撰稿：李强
摄影：霍志国

内蒙古自治区重点文物保护单位。

位于和林格尔县大红城乡大红城村北，南部被民房所占，北部已辟为耕地，城中有一条南北向柏油路和一条东西向铁路。古城地处低山丘陵环抱的冲积平原上，依山傍水，南距浑河约1.5公里，河水由东向西流去，南岸是丘陵地带。

大红城古城城区北高南低，平面略呈方形，东西长1500米，南北宽1440米。城墙保存基本完好，系用褐红色黏土夹小石块夯筑而成，夯层厚0.1～0.2米，残高5～7米，基宽13米，顶部残宽约3.2米。北墙、东墙及西墙城门设在城墙中段，有瓮城。北门较完整，门宽约15米；西门破坏严重，宽约8米。南墙城门模糊不清，现已为居民住宅区。城内地层堆积厚度约为2米，上层呈黑色，其下土质疏松，呈黑灰色，内含有陶、瓷片及兽骨等遗物。地表上暴露的遗物也较多。

结合历史记载，大红城为明朝初年所建，因城址规模较大，承袭了元代红城的名字，称之为大红城，为明初云川卫治所。

北城门　　　　　　　　　　　　　　　北城门瓮城

东城墙

‖37‖ 呼和浩特市明长城 ———————

撰稿：杨建林　张文平
摄影：冯吉祥

全国重点文物保护单位。

呼和浩特市境内的明长城，分布在其南部的和林格尔县和清水河县。有南北并列两道，二者相距2～50公里。北边的一道在明初被称为大边、极边，修筑较早，起于洪武年间。在乌兰察布市丰镇市隆盛庄的大边沿线发现一处关于修筑大边的石刻题记，明确记载从今隆盛庄镇东山坡至西山坡之间的一段大边墙体修筑于洪武二十九年（1396年）。由此可知，此时大边已经开始修筑。至永乐年间，大边大体修筑完备。"土木之变"之后，经战灾的蹂躏，大边所在地区逐渐变成了北元蒙古部的驻牧地。至弘治年间，大边基本废弃。

南边的一道现为内蒙古自治区和山西省的省界线，在明初称为二边或小边。亦于明初洪武、永乐年间开始修筑，但规模较小。大边废弃之后，二边成为明朝对蒙古的主要防线，受到重视，开始大规模、长时间地增修。成化三年（1467年），西起黄河老牛湾，东至老营堡丫角山（约今清水河县北堡乡口子上村东），修起边墙一道，全长二百四十里；嘉靖二十五年（1546年），又从老营堡丫角山往东，至

李信屯（今河北省怀安县柴沟堡镇李信屯村），修了一道边墙，全长五百余里。至此，二边东西相连，完全形成。此后不断修葺，形成了今天所见之规模。由于大边废弃，二边成为明朝对北元蒙古的第一防线，规模又比较大，后来人们逐渐将二边称为大边，原大边则称为二边。

在明代，呼和浩特市境内的明长城西段归山西镇（太原镇）管辖，东段归大同镇管辖，两镇的分界线在丫角山。

1. 大边

明长城大边自东由乌兰察布市凉城县进入呼和浩特市和林格尔县，向西南蜿蜒于丘陵漫坡之上，经山保岱村、红台村，一直攀爬至黑台山顶，而后又翻越青草毛山，跨过驴圈沟，扎入好来沟。过好来沟后又经梁家十五号村、丈房塔村、黑台子村、油房沟村、大西沟村，过盘山进入清

清水河县二边楝木塔长城段

水河县。

大边从盘山顺势而下进入清水河县，在低山丘陵地区穿行，经韭菜庄乡后窑子村、孔读林村、两锲牛村、魏四窑村、高家山村、石胡梁村、边墙壕村，至五道咀村墙体消失。再往西南，只发现烽火台，未见墙体。烽火台的大致线路走向为，经四王咀村、三王咀村、二王咀村、大王咀村、下红台子村、山神庙村，与二边遥遥相望。另外，在清水河县杨家窑乡魏四窑村西南，从大边向南延伸出一列烽火台，向东南过杨家窑乡杨家窑村、韭菜庄乡大双墩村、韭菜庄村，至韭菜庄乡双井村与二边相接。

大边墙体全长90.435公里，沿线有敌台14座、烽火台42座、堡2座。大边墙体主要有土墙和石墙两种。土墙为夯土墙，黄土或黑褐土夯筑，夯层厚0.1～0.15米，夯土内夹杂有碎石、草秸等杂物，现外观多呈不规则的土垄状或锯齿形分布，底宽1.5～6米，顶宽0.2～1.2米，残高0.3～3米。石墙分为毛石干垒和土石混筑两种，保存较土墙差，多坍塌为绵延起伏的石垒，高度在0.5～1.8米之间，宽1～3.3米。大边上的附属设施单一，只有敌台，间距在500～1700米之间，比较稀疏。

烽火台一般建在大边墙体南侧，只个别在墙体北侧，夯筑为主，部分用土或土夹碎石块堆筑。其平面呈方形，即原始形状为覆斗形，现由于坍塌破坏，外观形状多不规则。烽火台现高4～8米，个别在10米以上，底部边长8～20米，顶部边长4～10米。两座堡分别为二道边村堡和后窑子堡，一在和林格尔县，一在清水河县；均为方形，夯筑土墙垣，前者边长80米，开南门，后者边长75米，门址不清。

清水河县二边小元咀长城段

2. 二边

明长城二边也自东由乌兰察布市凉城县进入呼和浩特市和林格尔县，过苍头河后向西南延伸，经二十三村、四十二村和右玉县的二十五湾村，至转角台。随后折向东南，大约经行1公里后，又折向西南，沿途经前海子洼村、后海子洼村、十二沟村、磨扇凹村至桦林山。翻过桦林山之后转而向下，在桦林山脚下分为两支。一支为主墙体，向南延伸至山西省右玉县的三十二村后，折向西南，经三十八村、四十二村，至十三边村。另一支为附属墙体，向南延伸，至十三边村与主墙体汇合。汇合后的长城墙体继续向西南延伸，至右玉县云石堡，地势转而平缓，山势起伏不大，墙体基本修建在平地之上。过云石堡，主墙体继续在山脉上向西南蜿蜒，经韭菜沟村、口子沟村、大沙口村，

止于楼沟村南0.5公里处。这里为两省（内蒙古自治区、山西省）、四县（山西省朔州市平鲁区、右玉县、和林格尔县、清水河县）的交界处，亦是和林格尔县明长城的终点。

明长城二边从和林格尔县楼沟村过五洞山进入清水河县七墩沟村。之后又继续向西南延伸，经板申沟村、福心沟村、十七坡村、小岔子村、头墩村，穿过窑子上村后，继续向西南延伸，至十七沟村东南0.4公里处折而向南，经平鲁区的帐贵窑子、寺回口等村庄至小七墩村，又折向西南，一直延伸至清水河县的口子上村。

在口子上村，长城墙体分为三道，向西、西南、南三个方向延伸。向西延伸的墙体，在清水河县水草沟村向西北方向拐了一个弧度，转而向南延伸，在山西偏关县野羊洼村西北0.6公里处与从西北—东南

走向的柏羊岭长城和野羊洼长城相接。从保存程度来看，这段墙体应修筑于明代初期，保存较差，墙体上多马面，而且后期再未经沿用。另外，这段长城修建于半山腰之上，不适于长期防御，因此后期重修长城时便将其废弃，在其南边的山脊上另筑一道新的墙体。这段新筑的墙体便是从口子上村向西南延伸出的那道长城。此段墙体路线较直，基本呈东北-西南走向，止于柏羊岭2号堡北20米处，与西北-东南走向的柏羊岭长城相接。从口子上村分出的第三道墙体向南延伸，经老洼沟村、五眼井村和阴王沟村，至柏羊岭村东南0.5公里，折而向西北延伸。在阴王沟西北1公里，从这段长城墙体上又岔出一支，向南延伸，伸入山西境内。

从口子上村分开的向西、向西南延伸的墙体，在野羊洼村西北0.6公里处汇合后继续向西南延伸，至偏关县境内的小元峁村折而向西，经偏关县窑洼、后南海子、前南海子、许家湾等村庄，至偏关县水泉堡，折向西北。此后，墙体弯弯曲曲向前延伸，时而转为西南，时而拐为西北，经清水河县正湖梁村、水门塔村、望雨梁村，最后止于黄河岸边的老牛湾。

二边墙体全长166.534公里，沿线有敌台356座、马面302座、烽火台169座、堡10座。二边的大部分墙体原外侧包有砖石，现流失殆尽，外观呈现为土墙。黄土夯筑，内夹杂有碎石、沙子等，夯层厚0.15~0.2米。清水河县个别地段有保存较完整的石包土和砖包土墙。墙体构造分为两层，内层是夯筑土墙，外层是砌筑的条石或青砖。条石一般长0.3~1米，宽0.2~0.45米，厚0.2~0.25米，青砖长约

0.4米，宽约0.2米，高约0.1米。有的地段墙体内、外侧的包石材料及包砌方法有所不同，外侧采用加工过的、较平整的石块和条石砌筑，并用白灰勾缝，内侧多以一些较薄的石片和石块粗略地垒筑在墙体边上。与大边相比较，二边高大、宽厚，墙体一般高1~5米，多数集中在3~5米之间，最高可达7.5米，底宽一般3~8米，顶宽1~3米。墙体上附属的马面和敌台比

清水河县二边闫王鼻子长城段

较密集，间距多在200～400米之间。

　　二边沿线的烽火台大部分分布在长城墙体南侧的山西省境内，为了表述的完整性，在此一并介绍。与大边沿线的烽火台类似，二边沿线烽火台的原始形制也基本是覆斗形，但在山西偏关县境内发现有平面呈圆形的烽火台，其原始形制为圆柱状或圆台状。二边沿线的烽火台均土夯而成，夯层厚0.15～0.25米。部分烽火台原

有外包砖、石，现多已滑落流失。二边沿线烽火台整体比较高大，高度多在6～10米之间，底部边长（平面呈圆形的烽火台则为直径）10～20米，顶部边长3～10米。在二边沿线还发现有空心烽火台，数量比较少。在其内部有上下通道。通道的入口一般在烽火台底部，为一洞口，洞口处地面铺有条石，有的入口距地面有一定的高度。通道内有登台步道，有的没有步

清水河县二边板申沟1号敌台

清水河县二边墙体

清水河县二边石垛墕1号敌台

道，只在内壁掏挖脚窝以供上下。通道出口在烽火台顶部。二边沿线的烽火台多数带有台基，高2～4米。在台基顶部边沿筑有围墙，厚1米左右。

二边沿线的堡均分布在长城墙体南侧的山西省境内，平面形制基本规则，呈矩形，个别由于改扩建及地形原因，呈"日"字形、"目"字形及不规则形。这些堡可分为大、小两类，大的边长在200～300米之间，小的边长不足100米。墙垣均土夯而成，外包砖、石，构筑有马面。一般开一两座城门，在作为主城门的南门和东门外筑有瓮城。

和林格尔县二边后庄窝9号敌台

⫶38⫶ 新城区和硕恪靖公主府

撰稿：武成
摄影：武成

全国重点文物保护单位。

位于新城区通道北路62号，是清康熙皇帝的四公主下嫁漠北喀尔喀蒙古土谢图汗部敦多布多尔济后居住的府邸，是清代康熙时期建筑艺术和技术的集大成者，同时也是我国清代公主府邸中保存最为完善、建筑工艺最精、保存现状最好、在大漠南北影响最深的一座特殊的建筑群组，有"西出京城第一府"之称。1923年被呼和浩特市师范学校使用，从1990年至今为呼和浩特市博物馆馆址。

1. 关于和硕恪靖公主

和硕恪靖公主出生于清康熙十八年（1679年）五月二十七日寅时，母亲为郭络罗氏，博尔济吉特氏家族，满洲镶黄旗人，佐领三官保之女。康熙三十年（1691年），封为和硕公主，康熙三十六年（1697年）五月，皇帝指婚下嫁喀尔喀土谢图汗察珲多尔济之孙敦多布多尔济。康熙四十五年（1706年），晋封为和硕恪靖公主，雍正元年（1723年）晋封为固伦恪靖公主，并赐金册。雍正十三年（1735年）三月，公主卒于漠北，葬库伦（今蒙古国乌兰巴托）之东肯特山脉（不儿罕山）阳面的公主陵寝（今蒙古国肯特省额尔德尼苏木）。

满蒙联姻是清廷对蒙古各部政治策略的一个重要组成部分。康熙朝将这一政策推行极致，恪靖公主下嫁察珲多尔济之孙、哲布尊丹巴呼图克图一世的侄孙敦多布多尔济，从而使清王室、蒙古贵族和宗教教主的利害关系结成一体，这就更具有其重大的现实意义和深远的历史意义了。

恪靖公主下嫁及公主府营建于漠南归化城，都是清廷基于平定噶尔丹叛乱之后的大漠南北政治、军事形势的需要和对北疆地区长久稳定的期许而做出的决策，公主府肩负起了外联漠北、内接京师的特殊政治使命。

四公主原是清廷用以与蒙古政治上的重要当权者土谢图汗和黄教掌权者哲布尊丹巴结成亲缘关系的纽带。金册载："恪靖公主乃圣祖仁皇帝六女也，毓秀紫微，

公主府全景

分辉银汉，承深宫女至训，无怠遵循，缅女史之芳规。是用封尔为恪靖固伦公主，赐之金册，谦以持盈，弥励敬恭小节，尚昭柔顺之风。"此次册封是安抚蒙古诸部、稳定边疆统治、延续满蒙联姻羁縻政策的一种手段。

恪靖公主生四子，长子根扎布多尔济，其后裔一直在府内居住，子孙分为八府，其分支在公主府周围居住，形成了小府村、府兴营村两大村落。在呼和浩特市东郊、太平庄、美岱村一带的一万余亩水地，曾是公主府的庄园地，供给公主府的吃用。

2．公主府建筑

公主府是一组宫殿式建筑群，建成于康熙四十四年（1705年）九月，遵循了传统的礼制建筑中轴对称、前堂后寝的理念，府门前有照壁，后有大堂和寝殿，还设有花园和佛塔，现存建筑69间。以大堂为中心规划布局，按照前朝后寝的形制修建，以居中的门、殿、寝、后罩房连贯出轴心，以配殿、旁庑拱卫于两侧的王府核心格局布列。《绥远通志稿》称"后枕青山，前临碧水，建筑与风景之佳，为一方冠。"

公主府总占地六百余亩，主体建筑15亩。府内景致宜人，古树环抱，华荫如盖，花香鸟语，曲径通幽。而建筑之精美则更胜一筹，用料上乘，做工考究，非一般工匠所能为。殿宇基座采用白色大理石镶边包角，墙壁均为水磨青砖，屋顶饰以五脊六兽，线条流畅，比例精细。砖雕纹饰多样，工艺精湛。整个建筑古朴中见淡雅，粗犷中见细腻，其风格与京津地区明

公主府院景

府门雪景

末清初的王府相似。

　　府门南端耸立大影壁一座，基座部分的48根浮雕立柱，象征内蒙古48旗（实49旗，东土默特分为左、右两翼）王公共同辅佐大清王朝。这里也曾是公主府旧八景之一"古壁藏榆"的景致所在。府门月台前左、右各一石狮，两翼围墙辟阿斯门各一道（2009年维修时拆除）。

　　仪门面阔三间，西墙的前戗檐砖雕刻划了草丛中几只肥硕的绵羊，象征着富贵吉祥。

　　正殿面阔五间，名"静宜堂"。高脊重吻，威仪凌空，配殿、厢房、耳房东西对称，左右相拥，显示出皇家府第的尊贵与威严。殿内屏风和公主正坐之上悬挂康熙皇帝御笔"肃娴礼范"匾。静宜堂是公主与额附接待地方官员、宾客，谈论政务的地方，也称"议事厅"。

　　正殿两侧各有一段甬道，通过甬道，东、西各一满月门洞（现维修改为方形门），隔而相望。穿过月亮门洞，拾级而上，一座精巧别致的垂花门轻掩，这里通向公主的寝宫小院。额驸敦多布多尔济亲笔手书的"静定长春"匾，悬挂于垂花门门额之上。

　　穿过静宜堂，便将进入到公主的生活区。首先映入眼帘的是垂花门，是用来区分内、外院的一道门，坐落在大门之后第二道门的位置，是"前朝后寝"中"寝"的前门。公主府邸使用的是一殿一卷式垂花门，平面是单开间，体量不大，进深略大于面阔，由四柱围成一间，是府邸建筑中最为醒目的地方，建于五层汉白玉石台阶上。为了避免大门开启而造成院内活动

垂花门

照壁

被暴露，在后檐柱间装四扇绿色屏门（维修时漆成了红色），起到遮挡视线的作用。由于屏门是当中的门，除了院主人出入时或婚丧嫁娶时"中门大开"，其余时间屏门都是关闭的，平时不轻易开启。人们进出二门时不通过二门，而是走垂花门两侧后檐柱与中柱间的东西两个旁门，这是一般内侍人员进出院内的通道。公主府垂花门的华丽构筑，不仅是建筑级别的体现，还能体现出公主的权力、财力、家世的显贵、文化修养的高深，甚至还能看出公主的爱好和性格。

大堂与寝殿两院东西对称有厢房、耳房和配房，用隔墙围合，以日、月门互通内外及左右，两院成一"日"字形平面布局，位居府内中心。一进、四进院与二进、三进院外东西两侧联通，以围墙为界，总体布列又成一个"回"字形总布局，大堂居于整个建筑群组之中心位置。亦府亦园是清代王府建筑的典型特征，公主府亦不例外。寝殿院落东侧原为公主府花园，可由院内东北隅的日门与之相通。从后罩房明间穿堂门可通北侧的公主府马场。马场、花园的面积远超过主体建筑的面积，园大于府，是公主府平面布局的一大特色。

寝宫是当年公主生活最多的一个地方。寝宫外面的门楣彩绘，如门楣画的佛手是"佛"与"福"的谐音，牡丹花则象征富贵，两侧的玉兰花和海棠花是取"玉堂富贵"之意。公主的寝宫是一堂两屋的格局，厅堂的东侧是公主居住的地方，进门左侧是两把黄花梨的椅子，右侧是一个大衣柜，上面雕刻着夔龙，显示公主身份的高贵。走进最里屋，墙角是公主休息时的床，床上面还放着被褥以及一只如意，与床相对着的是炕，炕上放着复制的公主陪嫁的小叶紫檀炕桌。厅堂的西侧是公主拜佛的佛堂，陈设有罗汉床和能旋转的圆桌，再往里走是公主日常礼佛场所。

公主府台基分为石作、砖石作、砖作三种类型。主要建筑（府门、轿厅、静宜堂、垂花门、寝殿）周遭砌石作台基，其他建筑用材正立面好于侧立面，侧立面好

寝殿内景

于不露明的背立面，反映出公主府建筑既有宫殿的气派，又远不如皇宫的"海工海料"。下碱墙为一顺一丁干摆精砌，台明至腰线石下统为单数砖层（13层、15层不等），山墙上身为青砖磨砖丝缝砌法，以十字缝为律，砖缝在4毫米左右，较清晚期丝缝墙的砖缝厚度2毫米左右多出很多。墀头墙正看面大都采用"三破中"，仅有寝殿耳房、配房用"狗子咬"。墀头的盘头为六层做法：荷叶墩、混砖、炉口、枭砖、头层盘头、二层盘头，其中混砖、炉口与枭砖用挑檐石刻饰取代，为一整体挑出，盘头上承戗檐砖。荷叶墩、盘头（两层）与戗檐砖作镂刻纹饰，其中戗檐砖为双层插砖雕饰贴附结构，雕饰非常精美。

公主府主要建筑均用硬山，次要建筑用卷棚硬山，仅垂花门采用悬山形制，没有歇山建筑。各建筑的用材制度基本一致，大木梁架皆为无斗拱大式构制做法，梁的断面高、宽比例多接近方形。外檐装修仅寝殿的东厢房尚存明间横披窗，横披窗棂为正搭正交形式，槛下皮多与穿插枋下皮齐，中轴线上各建筑的外装修应为正搭斜交格扇门窗，厢、配、耳房为正搭正交或步步锦心屉。内檐装修从室内柱身榫卯的分布看，应为格扇装修，大堂明间有两根辅加柱，应为屏风及公主正座之处。寝殿天花保存较完整，包括天花框边线、楞木和井字框架，为"海墁天花"。根据满蒙民族的习俗，其原状天花应为"软海墁"，裱纸以麻纸、腊花纸或绫子作为面层。

清代王府梁柱、门窗的油饰以红、黑为主。公主府寝殿东厢房保留有原状刷饰

遗迹，金柱、金枋、金檩、槛框油漆为黑色，柱头自金仿下皮以上刷铁红色，金垫板、抱头梁、穿插枋为铁红色，装修横披窗棂看面为蓝色，侧面为土红色，前后檐廊间檐椽刷蓝灰色，望板刷斗二红。

公主府重要建筑用吻、兽，附属建筑

后罩房

为过垄脊，压脊按琉璃压脊的形式和数目布置，除后罩房为龙、凤、狮三小兽外，其余建筑均为龙、凤、狮、天马、海马五小兽；屋脊为清早期四层瓦条做法。现瓦面为筒瓦屋面，应是后期维修时所改，按文献记载及压脊式样推测，原屋面应为

"削割瓦"瓦件。

地灶是公主府建筑中一个重要组成部分，在各正殿、厢房及配房内的位置与结构，以前一直不明，清《工部工程营造则例》中对起居住室如何取暖方面没有记述，也未见此方面的考古资料报道。遍

古建脊兽

好灶坑、灰坑及烟道，然后单砖垒砌。灰坑及灶坑开口、烟道盖顶砖与地面在同一平面上，灶坑和火膛抹有较厚的草拌泥，灰坑口部有盖板。火膛与烟道相连且低于烟道，出灰口在火膛之下与灰坑相连，且高于灰坑或与灰坑底相平。出烟口设在房前或屋后基础陡板石上，于陡板石上凿圆形或方形出烟口。

公主府地灶的设置，反映出当时工匠的灵巧构思，不仅解决了取暖问题，同时还达到了防火的目的。公主府建成以来三百余年未遭火灾破坏，与地灶的合理设置不无关系。

3. 公主府出土文物

公主府的文物，大多为2002年5月维修地面时出土，主要出土于地灶、灰坑及房内基土中，另有少量为府内采集，有陶器、瓷器、铁器、骨器及建筑材料等。陶器主要是陶盆，瓷器皆为生活用器，器形有坛、壶、盅、碟、碗，多为器物残片。铁器主要有铁锹、插板、炉箅等。另外，还有骨器、料器等。在寝殿东厢房内，发现隐藏于北山墙山柱上的一幅"白伞盖圣母护轮文密咒语"，是康熙时期将院落建成后藏封于顶棚的山柱上，从内容方面看，"白伞盖圣母护轮文密咒语"缘起心咒，是公主府内的一个宗教类实物。

2008年6月在维修公主府建筑时，在后罩房房梁上发现一枚铜鎏金"康熙通宝"方孔圆钱。该钱黄铜铸造，铜质精良，表面鎏金保存较好，发现时仍然金光闪烁。背鎏金磨损较重，为满文，宝泉局铸。直径2.7厘米，厚0.2厘米，重3.8克，方穿边长0.6厘米，制作精整，这是公主府在此次维修时发现的唯一一枚铜

查各屋顶及墙体，未发现任何烟道或出烟孔，仅在静宜堂西厢房及东配方的台基陡板石上发现了圆形和方形孔道，但一直不明其用途，2002年在维修府内地面时才大体弄清地灶的结构。公主府邸的取暖设施主要是采用地灶形式来采暖，由灶坑、灰坑、火膛及烟道等组成，依据各房屋面积的不同，地灶面积、数量也不相同。在建房基时，根据房屋的不同功能，已设定了出烟口，在铺地前，于选定的位置上先挖

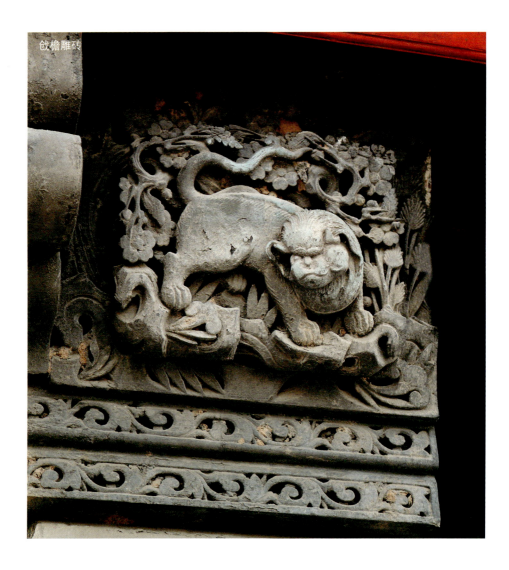

戗檐雕砖

钱，为研究清代宫钱的使用提供了实物资料。特别是该钱发现于房梁之上，对研究清代早期建筑上梁钱的使用情况及民俗研究提供了珍贵的资料。

公主府是清宗室王府建筑，虽地处塞外，远离京城，但建筑等级要远远高于同处塞外的喀喇沁亲王府及北京的几处蒙古王爷王府。经过主体维修和周边环境整治，2010年被评为内蒙古自治区第一批3A

景区。府内常设展厅14个，展出面积二千余平方米，展线长六百余米，展出文物74件套，复制清代档案8件、清式家具28件、文物127件，并有景观模型等，主要陈列清代公主日常生活场景复原、府邸变迁、公主生平事迹、额驸生平事迹及喀尔喀蒙古民俗文物等。从2009年4月30日开放至今，迎接了大量中外游客，取得了良好的社会效益。

░39░ 新城区绥远城城墙

撰稿：丁勇
摄影：杜伟泉

全国重点文物保护单位。

清绥远城城墙现仅存东北隅部分，位于新城区北垣街以南、东护城河北巷以西地段，即原内蒙古自治区党委大院的东北墙。

清朝雍正年间，漠西卫拉特蒙古准噶尔部势力强大，不断袭扰喀尔喀蒙古，清政府出于军事和政治的需要，拟在战略地位十分重要的塞外土默川上筑城屯兵，加强战备。雍正十三年（1735年），雍正皇帝派员到归化城勘察地形，选择了距城东北五里地的一片坡地作为建城基地，并于

当年谕允准建，然因雍正皇帝驾崩，修建工程停止。清乾隆元年（1736年），乾隆皇帝根据勘察地形的官员永泰提请，再次批准修建。此城仿照山西右卫的格局，于乾隆二年动工，由归化城办事尚书通智和副都统詹代负责营建，从山西各地招集数十万民工砍伐树木，烧砖运石，于乾隆四年最终建成，历时两年零四个月。乾隆皇帝赐汉名"绥远"。绥远城兴建之初，山西右卫的建威将军即改为镇守绥远城等处将军，并奉旨移驻于此。绥远城相对建于明代的归化城而言，是一座新建的城，故

北门城墙

又名"新城"，今呼和浩特市新城区即由此得名。

新城后依大青山，大、小黑河环抱其前，左带喀尔沁水，右会红山口之水，地势宽平，山林拱绕。绥远城为驻防旗兵而筑，一切建置，悉按规制，城墙、街区整齐划一。平面呈正方形，"周围九十里三步，高二丈九尺五寸"，开四门，分别为东门（迎旭）、南门（承薰）、西门（阜安）、北门（镇宁），用满、汉、蒙三种文字石刻镶嵌于城楼门额上。城墙上有炮台44座，城门上有箭楼，下有瓮城，城角有角楼，城外有石桥、护城河。钟鼓楼位居全城的中心，由中心辐射，形成了东、西、南、北四大干道，大街和向四面八方伸张的小巷构成了整齐的棋盘式布局，东西门不对称，南北门错开。城内有大街4条、小街24条、小巷46道和市场4处，钟鼓楼上有弥罗阁，将军衙署设在钟鼓楼附近的西街路北。

从绥远城的建筑结构来看，是一座典型的清代建置城市，虽说以驻兵为主要目的，但始建之初即已考虑到城市各方面的基本要求。城内的房屋，修建之初共1.2万间，由于驻防八旗兵员常有缩减，需房数量随之减少，乾隆年间曾大量拆除或者变价出租，为更多的非驻防八旗军住户入住城内提供了房舍。因其以满八旗驻军为主，又称之为"满城"。自建城之后，经两次重修，同治九年（1870年）绥远城将军定安重建北门城楼，增补修缮，浚濠种树。光绪三十年（1904年），将军贻谷修缮城垣，疏浚城外濠渠。

从近年来已拆城墙基址的勘探资料表明，城墙整体基础宽为10～12米，距地表深2.5～3米，为灰土夯筑做法。城墙外侧采用城砖砌筑，上至顶部施挑檐砖一层，其上再砌雉堞（垛口）。墙身自下而上，分层砌砖，逐层递收。城墙内侧为灰土夯筑至顶部地平，上砌城墙挑檐砖一层，其上再砌条砖女儿墙。墙体内、外两侧砌墙及灰土表墙之间，用素土夯筑填馅，至顶部地平以下1米为律，其上改施灰土夯筑后，铺墁城砖地面。

城墙外侧在雉堞下基（地平位置）置排水孔道，内侧女墙置石构排水槽。排水槽所在夯土墙身位置，垂直依夯墙坡度之势，以城砖槽形砌筑，以防渗漏造成夯土结构的破坏。原建堆拨（哨屋，亦称敌楼）全部失存。四隅置有角楼，从历史照片分析，属转角式砖构歇山式，外侧置有箭窗（兼瞭望孔），造型敦实，为每面双层各八孔，共32孔。马道集中于四门内侧两翼，角楼处不置。

综上所述，绥远城城墙的构制应为遵循清《雍正城垣做法册式》的制度所建成，

北城墙内部

北城墙内侧女儿墙

以"外则砖砌雉堞，内则土雍环衬"为营建方法，即主体夯筑，外侧包砌城砖。夯筑土方，除利用护城河开挖的土方外，外运土方的因素也不能排除。使用的城砖规格，与清代城砖通用规格相类。

现存的绥远城东北隅城墙，北墙残存245米，马面1处，东墙残存453米，马面3处，现存城墙总计698米，马面共4处。东北隅城墙残存有角楼遗迹。城墙顶面（地平）宽8米，底宽10米，高6.3米，墙身收分值16%，各部残损状况简述如下：

（1）城墙主体

城墙以外侧包砌城砖的墙体保存较好，只是顶端挑檐砖下有高1～1.8米不等的剥蚀残损较为严重。

城墙内侧的夯土墙身，有人为开凿孔洞8处（临建房内有无孔洞待查），最大孔洞可达4.5×3×2.1米，不少孔洞严重坍塌，对城墙夯层安全造成了一定的损害，是城墙现存的最大隐患。

东墙南端、北墙墙体断面暴露，夯层受雨水渗透造成水土流失，虽用砖予以补砌，但收分度不合比例，仍有开裂塌落，安全隐患十分严重。

内侧墙身60%的部位有现代建筑靠墙搭建，露明夯土墙面见有夯层剥蚀的部位，最大剥蚀深度可达15～20厘米。

（2）垛堞与女儿墙

城墙外侧雉堞墙身及内侧女儿护墙，除几处残存之外，95%的部位基本失存，局部地段的残损甚至波及墙体下部，致使内侧夯层、外侧墙体局部开裂、坍塌。周边杂土堆积，造成排水孔堵塞、内侧排水石槽部分失存，多数排水不畅，造成局部渗漏和水土流失。

（3）墙顶地平

城墙墙顶地平铺地城砖所剩无几，亦有后来改铺的地面和利用旧砖临时铺设的小便道。95%基层夯土暴露，杂土堆积，野草、树木滋生，积存雨水就地自渗，破坏了夯土的结构。

东城墙墙顶地平上深挖沟壕达三百多米，又有局部掏洞取土现象，造成地表灰土夯层的破坏，积水直接浸袭底层的素土夯筑层，形成很大隐患。

北城墙墙顶地平上挖电缆井七处，造成地表灰土夯层的破坏，积水直接浸袭底层的素土夯筑层。

（4）马面

马面残损与墙体相类，顶部雉堞全部失存，挑檐砖残破或失存，局部转角有榆树生长，根系对墙体造成扩张膨胀和开裂，隐患之大、破坏程度之深可见一斑。

（5）东北角楼遗迹

东北角楼毁坏不存，现仅存基址。所幸有关柱基位置清晰，原建面阔、进深尺寸明显，为一面阔六间、进深两间折角式砖木结构角楼。从历史照片中可知，屋顶形式为折角歇山式，外侧墙身见有双层箭孔，每层八孔，两面共32孔。

清绥远城城墙是呼和浩特地区古代城市建筑的重要组成部分，绥远城建城选址合理，依山面水，厚实坚固，深沟高垒。而绥远城城墙则构筑雄伟，规模宏大，功能齐备。作为清廷在北部边陲的重要八旗驻防城，绥远城与归化城成犄角之势，

素有"北国锁钥"之称。独特的地理位置和战略地位，使其既可以钳制漠西蒙古准噶尔部东袭，又可以就近监控归化城土默特、乌兰察布盟、伊克昭盟等蒙古诸部，对维护国家统一，巩固西北边陲的稳定和边疆民族团结，都发挥了十分重要的历史

作用。

　　绥远城八旗军事驻防城的性质、功能，在有清一代由盛至衰，但是该城基本布局，直到1949年绥远和平解放时，仍大体保留早期建城的形式，没有发生重大改变。随着呼和浩特市城市建设的发展，包括城墙在内的原绥远城的建筑群现今大部分都已拆除，幸存下来的东北隅这一段较为完整的城墙，为我们研究清代绥远城城垣修筑史提供了难得的实物资料。

北城墙马面

‖40‖ 新城区绥远城将军衙署

撰稿：丁勇
摄影：杜伟泉

全国重点文物保护单位。

位于新城区新华大街31号，处于清代绥远城中心偏北的位置，建筑群占地约1.6万平方米，由左、中、右三部分组成，平面呈南北长、东西窄的长方形。

绥远城的营建，是清王朝为巩固西北疆边陲的稳定，奉行对大漠南北蒙古地区实施政治、军事统治的产物。绥远城将军衙署作为绥远城统领八旗驻军及掌管西北军政的最高权力机构，也在绥远城告竣时落成。驻守在将军衙署的绥远城将军，拥有广泛的军政大权，除统帅绥远城的驻防八旗官兵、管理归化城土默特部及内蒙古西二盟（伊克昭盟、乌兰察布盟）旗的蒙古王公、民众外，遇有战事，还具有调遣宣化、大同二镇总兵，节制沿边道、厅等权力。绥远城将军属清廷一品封疆大吏，以朝廷亲授将军的身份驻节在此。

从乾隆二年二月，驻守在山西右卫的建威将军王昌奉旨改驻绥远城起，到清末宣统末年最后一任将军堃岫被北洋军人张绍曾所代止，将军衙署历时172年，清廷正式授封的绥远城将军有78任，均在此管理驻扎。这一历史阶段，绥远城将军衙署

的体制、作用，正如光绪十六年（1890年）绥远城将军克蒙额所书在衙署大照壁上的石额"屏藩朔漠"那样，作为清廷在北疆的屏障，一直没有改变。

辛亥革命后，清朝最后一任绥远城将军堃岫，于1912年10月被赶出将军衙署。从此，绥远城将军衙署先后便被民国政府、北洋政府和国民政府委派的官员所占据，直至1949年"九·一九"和平起义为止。其间，由于政局的演变，

将军衙署的主人走马灯般更换，长者数年，短者月余。张绍曾于1912年10月就任绥远城将军时，奉大总统令，改绥远城将军衙署为将军府。1914年袁世凯设绥远特别行政区，继任将军潘矩楹任内改绥远城将军为绥远都统，将军府改为都统署。1928年国民政府改都统为主席，改都统署为临时区政府。1929年正式实行省制，区主席改为省主席，临时区政府改为省政府。抗日战争时期，绥

全景

远沦陷，省主席傅作义率部退至绥西后套地区，绥远城将军衙署成了伪蒙古联盟自治政府属下的巴彦塔拉盟公署，后来又在大门口挂起了伪"蒙疆联合自治政府"的牌子。抗战胜利后，傅作义于1946年把绥远省政府从后套的陕坝镇迁回绥远城将军衙署内。

绥远城将军衙署在民国年间曾有过两次大的整修。1921年马福祥任都统时，改建了大堂、二堂，并修治亭榭，增补辕门，另建房屋，使整个都统署焕然一新，气派着实不同凡响。不料时隔年余，三堂失火燃烧殆尽，马福祥下令于当年又重建三堂，还新筑房四十余楹。1930年李培基任主席时，在将军署东跨院创建一座"澄园"，供官员们歇息游乐，"地虽非广，然较古之半亩园三倍矣"，"全园景物，不尚奇巧而

不失于拙，不求宏丽而不流于陋"，成为当时绥远的名胜之一。绥远城将军衙署经过两次修葺扩建，不但恢复了初建时的整洁肃穆，而且愈加壮观威严。

1949年9月19日，时任绥远省主席的董其武将军在爱国将领傅作义将军的帮助影响下，率领全体军政人员六万五千余人，宣告起义，绥远省自此和平解放。此后绥远城将军衙署即为绥远省人民政府办公地。1954年中央人民政府政务院决定撤销绥远省建制，与内蒙古自治区合并，衙署为内蒙古自治区人民政府办公地，乌兰夫时任政府主席。

绥远城将军衙署的建筑，严格按照清朝一品封疆大吏官衙的格局营建。衙门位居新城中心，是将军办公、生活的场所，也是城里最大的建筑群。主体建筑建于中轴线上，由南向北依次为照壁、正门、仪

门、大堂、二堂、三堂、四堂，进深五进院。其中，大堂、二堂是将军处理军政事务的办公地点，三堂、四堂为将军及眷属的内寝。中部院落左右对称有阿斯门、厢房、耳房，左右有东西跨院，东跨院为衙署马房、东房、厨房、仓库及后勤管事用房，西跨院南端原为衙署花园、客房，北部有土地庙等祭祀之所，院落间以红墙相隔。

将军衙署建筑群最南端为照壁，其形状为一字壁，长24米，基宽1.75米，高4米，砖构仿木构悬山式形制，青砖基座，红火灰抹墙，灰瓦覆顶。照壁中央上方嵌有清光绪十六年绥远城将军克蒙额手书"屏藩朔漠"四字石刻匾额一块。"屏藩朔漠"就是拱卫北疆的意思，仅从这块石刻匾额上的四个字就对清朝修建绥远城、设置绥远城将军的目的一目了然了。

将军衙署大门前方两侧各有一青石狮，高约3米，左雄右雌。雄狮滚绣球，象征将军大权在握，脚踏寰宇；雌狮戏幼狮，俗称太师少保，寓意子孙昌盛，世代繁荣。

将军衙署正门坐北朝南，位于三尺多高的台基上，为面阔三间、进深四椽架、大木悬山式构置。每间各辟一门，红色三开门，属门钉扳门形制。大门上方悬一匾额，上书"将军衙署"四字，用满、蒙、汉三种文字书写。两侧有八字形影壁布列左右，为须弥式基座，简板瓦墙顶，池心砖雕，清末时已残，做抹灰补修。

步入大门为将军衙署第一进院，大门东西两侧分布有倒座建筑，分别为绥远城将军衙署的前锋营与土默特官厅。北面仪门两侧各有白色大理石碑一方，下面有龟趺基座。碑正面阴刻原全国人

照壁

大堂

二堂

大副委员长布赫手书"清代绥远将军衙署旧址"，背面刻有将军衙署沿革简介。东侧石碑为汉文，西侧为蒙文。

从大门沿甬道往北行约10米，正中即是将军衙署的第二重门——仪门，取"有仪可象"之意。仪门是主人迎送重要宾客的地方，平日并不开启，一般和将军品级相当或品级高于将军的官员来见将军，宾主才从仪门步入大堂。品级低下的官员来见将军，只能走仪门两侧的阿斯门（便门），文官走东门，武官走西门。

二进院为将军衙署的主体院落。正面为大堂，东西两侧为厢房。大堂即正堂，是将军衙署的主体建筑，也是举行典礼和重要政务活动的地方，建在高约两尺的青石阶上。堂前有用石条砌成的约120平方米的露台，是为"月台"，这是新官到任时"望阙叩恩"之地和举行大型礼仪活动的地方。大堂面阔五间，进深三间，布瓦顶悬山大式建筑，殿脊两侧置大吻，亦称龙吻。岔脊的前端饰有仙人骑凤、海马、狻猊、行什等走兽。大堂东西长20米，南北宽约12米，高约8米，前有三开大门，后有屏门，斗拱砖木结构，雕梁画栋，富丽堂皇。大堂内正中高悬乾隆御笔"泽敷遐迩"鎏金大字，庄重气派。大堂的两配房、两厢房，皆为面阔三间大木硬山式构制，前置檐廊，分别为文案处、回事处、印房、折房等辅佐绥远城将军政务官吏的办公处所。

三进院与二进院有阿斯门相通，亦可

阿斯门

屋脊脊兽

经大堂后面的屏门步入。二堂建在高约1尺的青石台基之上，是将军处理日常军政事务、会见僚臣和读书的地方。面阔五间，悬山布瓦斗拱式砖木结构，屋脊置龙吻，岔脊有走兽。二堂两配房各为面阔三间、大木硬山式前置檐廊构制，为客房、箭亭（武器库）所用。

四进院与三进院有阿斯门相通，亦可经二堂后面的屏门步入，是典型的北方四合院式建筑，院中用十字形青砖甬道把二堂屏门、三堂及东西厢房连接起来。三堂建于高约3尺的青石台基上，面阔五间，大木硬山小式建筑，与东西耳房连成一体，高低错落、主次分明。前有楼门，迎阶而上。三堂和四堂原是将军的内宅，民国十三年（1924年）这两处建筑被大火烧毁，于当年重建，现仅存三堂。三堂在民国时期，一直作为历任绥远省军政首脑的办公地点。

五进院中的四堂原构面阔七间、进深六椽架，大木硬山式。民国十三年失火后

重建，20世纪80年代初拆除。四堂原曾有厢配房各二座，皆已失存。

将军衙署建筑群现存建筑分为清代建筑、民国建筑、其他建筑三大类。清代建筑是指将军衙署文物保护范围内的清代建筑遗存，此类建筑主要包括将军衙署现存主体院落的照壁、府门、东西倒座、仪门、大堂、折房、文秘处、官房、印房、二堂、箭亭、客厅、三堂东厢、西厢。民国建筑是指将军衙署文物保护范围内的民国建筑遗存，此类建筑主要包括中进主体院落三堂、三堂东西配房、东跨院会议室、味莼轩、招待所。其他建筑是指将军衙署文物保护范围内除清代建筑、民国建筑以外的其他所有建筑。

绥远城是清代八旗驻防制度的产物，绥远城将军衙署是清政府为了加强对边疆民族的控制、防止漠西蒙古准噶尔部侵扰清朝西北边疆、保护内地安全而设置，属清代八旗驻防体系的重要组成部分。绥远城将军官至武职从一品，为清代全国13处

常设八旗驻防将军衙署之一，距今已有270多年历史，是清朝统一的多民族国家巩固形成的历史见证，具有重要的历史意义和现实意义。

绥远城将军衙署自建成以来，一直作为该地区最高军政机构而存在，经历了近三个世纪的沧桑历史和政治风云的变幻，清晰地反映了内蒙古地区作为北疆屏障的历史作用。将军衙署的历史沿革，是该地区政治、军事、经济、文化变迁的集中体现，是地方史志的重要载体。

绥远城将军衙署是呼和浩特历史文化名城的重要组成部分，是清廷在蒙古地区实行垦务政策的重要推行基地，在中国边疆民族经济史上具有重要的研究价值。

绥远城将军衙署还是傅作义、董其武等近代重要历史人物工作和生活过的地方，见证了绥远地区的抗日战争、解放战争的历史，真实地反映了中华民族谋求独立、谋求解放的各种历史事件和人物活动的历史环境，是重要的爱国主义教育基地。

绥远城将军衙署是严格按照清廷《大清会典》及八旗驻防城的要求营建的官式衙署建筑群组。它的建筑布局、结构形制代表了这一历史阶段的营造规范制度和技术水平。其规模之大、保存现状之好，为清代同类衙署仅存的实例，具有很高的文物价值和社会价值。绥远城将军衙署建筑群是目前国内保存最为完整的清代武官一品衙署建筑群，它完整保留了清代官衙的建筑特征，无论建筑结构、材料和装饰工艺都是对官式营造则例的具体反映。将军衙署的建筑布局、建筑形式等体现出了清代官式

建筑的典型格局，将军衙署坐北朝南，封闭的围墙内，建筑群按照"前朝后寝"的功能分布，主要建筑沿中轴线顺序排列，体现了中国官式建筑规划选址和建筑营造的设计理念。整个建筑群组构完整，具有较高的审美价值，集中体现了明清官式建筑营造的制度化、模式化。

绥远城将军衙署不仅是呼和浩特历史文化名城的直接见证，也是研究清代军事、政治、八旗制度、民族关系以及官衙建筑的重要实物资料。

二进院折房

三堂

41 玉泉区土默特旗务衙署

撰稿：王兰柱

摄影：张青

内蒙古自治区重点文物保护单位。

位于玉泉区旧城大北街百盛商厦南，南起议事厅巷，北至东马道巷，西临通道街。

土默特旗务衙署现占地范围长86米，宽40米，建筑格局以议事厅大厅为主体建筑，为三楹硬山式。议事厅右侧为兵司，五间厢房，议事厅左侧也有东厢房五间，

大门匾额

大门细部

为户司。户司北侧三间东厢房为旗库，旗库之北稍向后移有东房三间为印房，户司南侧的三间厢房为前锋营，兵司南侧三间西厢房为汉稿房。还有档案库位于议事厅大厅最北端偏西处，为一座二层小楼。

土默特旗务衙署也称固山衙门，始建于清朝雍正十三年（1735年），是处理归化城土默特两翼（土默特左翼、土默特右

翼）军政事务的官署，也是归化城副都统军令、政令的执行机关。

清代，土默特两翼被列入内属旗，实行都统制。都统的职责是"镇守险要，绥和军民，均齐政刑，修举武备"。左右两翼都统各自执掌本旗旗务，其军政事务不得擅议擅行，须得清政府之命或绥远城将军、归化城副都统允准方可施行，事后须向理藩院呈报。

18世纪20年代以前，土默特境内两翼居民单一，均为土默特蒙古族，生产方式为畜牧业，军政事务比较单纯，官员事务轻松简单。随着交换互市的增多，汉民、回族及各方买卖贸易的发展，来土默特经商、垦田种地、从事手工业生产者逐渐增多。各民族交涉案件、命盗案件不断增多，社会形态变得复杂起来，军事、政事、民事渐繁，由都统管理、处理这些客民事务已不胜负担，亟须增设机构处理日常事务。清王朝经过顺、康、雍三朝的经营，政权稳固，疆域安定，在这种背景下，清廷恩准设立了土默特旗务衙署。

雍正十三年（1735年），土默特两翼在归化城设立了土默特旗务衙署，开始办公。该衙署直接对两翼都统负责，执行都统命令、处理旗务。

满清入关以后，在土默特十二部的基础上，按照满清的盟旗制度，把土默特部编为左右两翼旗。两翼各编为六个甲浪，合在一起是十二个甲浪。每个甲浪设一个参领，参领们集体办事的机构叫十二参领议事厅。据此，也有人把土默特旗务衙署称作议事厅。议事厅的组织是以兵司和户司为领导机构的，这两司的负责人由十二参领中推举资望较高、众所信服者兼任，俗称他们为兵司关防，户司关防，分管全旗的军事和民政。

各机构的具体办事职能分述如下：

议事厅

议事厅：议事厅为衙署的主体建筑，是土默特十二参领集体议事的地方，有关旗务的重要举措都在这里作出决定。议事厅也是都统（副都统）之下实施军政事务的指挥机关。

武器库：武器库设在议事厅西隔壁的一间大厅内，旗务衙署参领、佐领等官员的盔甲、枪械、火药弹丸等均存放于此，为衙署重地。

银库：银库设在议事厅东隔壁，凡两翼现银，两翼正、杂银钱，均存放在此。

兵司：设在议事厅右侧五间西厢房内，由兵司关防主持，一名或数名参领帮办，另有佐领、骁骑校数名分理诸事。凡属兵司性质的，比丁、操演、当差从征、缉捕命盗人犯、巡查街道、守卫关口卡伦、防守渡口等事宜均由该司负责，并邀全体参领讨论决定。

户司：设在议事厅左侧五间东厢房内。由一名参领或户司关防负责，也同样有一名或数名参领帮办，另有数名佐领、骁骑校分理诸事。凡两翼户口、田土、收支、钱粮、祭祀、学校建设维修等事，均由该司主管。

旗库：设于户司北侧的三间东厢房内。由一名参领负责，称总理旗库参领，

凡两翼正、杂银钱必须上交旗库，所有开支到旗库凭印文支取。

印房：设在旗库北稍向后建筑的三间东房内。由一名参领负责，称总理印房事务参领，凡呈文、咨文及下发文书均需到印房加盖大印，属衙署要地。

前锋营：设在户司南侧的三间东厢房内。土默特两翼设前锋校二十员，前锋二百名，主要职责是在绥远城将军衙署、归化城副都统署轮值，负责保卫安全责任。其中有十二员前锋校、一百二十名前锋在将军衙署轮值，其余在副都统署轮值，每半月轮换一班，这些当值事宜均由前锋营安排。

汉稿房：设在兵司南侧的三间西厢房内。清朝前期，官方文书多用满文、蒙文，旗务衙署的八、九品笔帖式均在稿房当差。到中后期，随着汉族人口的增加，文书多用汉字，渐将稿房改称汉稿房。汉稿房负责副都统衙署及旗务衙署的文书、禀稿的草拟，由精通满、蒙、汉三种文字的笔帖式操理事务。

档案库：位于议事厅北端偏西方向，为一座二层小楼。在这里保存有清政府下达的摺报、文书，省、道、厅等衙门的咨文、呈报文书、案件卷宗，副都统衙署及

议事厅脊兽

议事厅垂脊

东厢房

旗务衙署的各种文件，随时供衙署及各有关道厅查阅检索。

　　土默特旗务衙署从清代到民国一直是土默特地区的政权机构，对研究土默特地区的政权、官制、议事制度有较高价值。

‖42‖ 玉泉区大召

撰稿：袁永春
摄影：马登云

全国重点文物保护单位。

位于玉泉区大召前街正北，蒙语称"伊克召"，汉语译为"大召"。

大召原系北元土默特部阿拉坦汗兴建的寺庙，于明万历七年（1579年）动工兴建，次年应阿拉坦汗请求由明朝赐名为"弘慈寺"。在大召中供奉的释迦牟尼佛像是用银铸成的，当时又将大召俗称为"银佛寺"。阿拉坦汗于万历十一年去世，阿拉坦汗之子僧格杜棱汗于万历十四年迎请第三世达赖喇嘛索南嘉措来到呼和浩特，主持了大召释迦牟尼佛像的"开光法会"。万历十六年第三世达赖喇嘛在内蒙古去世，第四世达赖喇嘛云丹嘉措转生在蒙古土默特部。为了纪念这一历史事件，第四世达赖喇嘛的铜像供奉在大召内。

1632年大召转入后金统治者手中，1640年清太宗皇太极命古禄格·楚琥尔重修大召，重修后改名为"无量寺"。清顺治九年（1652年），第五世达赖喇嘛赴北京朝觐途中，路经呼和浩特时驻锡于大召后院九间楼上，所以大召内也供有五世达赖的铜像。康熙初年，清朝政府在呼和浩特设置了管理寺庙的机构喇嘛印务处，统一

管理呼和浩特地区的寺庙和喇嘛，喇嘛印务处机构设在大召东侧院。

康熙二十四年（1685年），委任朋苏召（崇寿寺）的伊拉古克散呼图克图为呼和浩特掌印扎萨克喇嘛。康熙二十七年，伊拉古克散呼图克图叛降漠北准噶尔部的首领噶尔丹。康熙三十一年，任命小召的二世乃吉托音呼图克图为呼和浩特掌印扎萨克喇嘛。二世乃吉托音呼图克图任职期间，经康熙皇帝批准，对大召进行了大规模的维修和扩建，将大召上升到"帝庙"的高度。将大召大殿顶部改铺黄色琉璃瓦，在大殿内将皇太极坐过的座位设置成"皇帝宝座"，供奉着"当今皇帝万岁"的一块金制神牌，象征着"康熙皇帝如在呼和浩特一般"。从此，大召内不再设呼图克图座位。以后，在整个清朝统治时期，每年正月初一，呼和浩特的将军、都

牌楼

山门正面

山门背面

统等官员都要到大召叩拜皇帝神牌。清光绪四年(1878年)，对大召又进行了一次大的维修，更换了顶瓦，对整个建筑进行了彩画，在大殿内墙壁上绘制了佛像和壁画。

清代理藩院规定，大召喇嘛定额为80名，这些喇嘛是从土默特部60个苏木中召集来的，他们集中在大召为清朝皇帝念诵祈福经。这些喇嘛根据级别高低向清政府领取钱粮。当时，大召庙仓经济收入也相当可观，有清政府发的钱粮、土默特官府的奉献、信徒群众的布施、土地收租、房屋租金、畜群收入和阿勒巴特的服役等。

大召的建筑布局别具一格，是呼和浩特地区现存最大、最完整的砖木结构建筑。大召坐北朝南，三院南北串联，东、西设两个侧院。平面呈长方形，东西长约200米，南北宽约145米，占地29170平方米。共有二十余间殿宇，以山门、天王殿、菩提过殿、大雄宝殿、九间楼为中轴线进行布置。中轴线殿堂将主轴线的长向空间分为三个院落，院落两旁分别有东西配房、钟鼓楼、垂花门、普明佛殿、长寿佛殿、密集佛殿、圣乐佛殿等。主轴线院落两侧的东、西侧院，功能各有不同。东侧院是公中仓和菩萨庙。西侧院是以乃琼庙为中心的偏院，前有小天王殿，后有七间楼，小天王殿和七间楼两侧均有东、西配房。

山门为歇山门屋式建筑，面阔三间，门楣上悬挂一块匾额，上书"九边第一泉"。门前有石鼓两对，白石狮子一对。门内天花板上绘有双鹤飞舞图案，墙壁上是二龙戏珠砖雕。与山门正对的是大召牌楼，牌楼上有"佛照青城"的匾额。

菩提过殿

四大天王

四大天王

大雄宝殿

过了山门，正对着的是天王殿。天王殿前有左右对称的两个青石狮，石狮前是铁香炉。天王殿东、西两侧分别是钟楼和鼓楼，有"晨钟暮鼓"之说。天王殿造型为悬山顶，面阔五间。天王殿入口两侧墙上分别有汉文和蒙文的关于大召的介绍。殿内是泥塑彩绘的多闻、广目、持国、增长四大天王，

威风凛凛。天王殿与山门、钟鼓楼构成了大召主轴线上的第一个院落。

天王殿之后是菩提过殿。殿前摆放一座三层六角塔式铁香炉，香炉后面两侧依次为两个石狮和两根高大红色旗杆。过殿东、西两侧为对称配殿，皆为歇山顶五面阔建筑。东配殿内供奉长寿佛，殿前置一

九间楼

彩绘

"寿"字石碑；西配殿内供奉无量佛，殿前置一"佛"字石碑。过殿前后由经堂和佛殿两部分组成，经堂的屋顶为卷棚式，屋顶正中是"二鹿听法"的建筑装饰，两侧是"三叉戟"装饰；佛殿的屋顶为歇山式。过殿经堂门上挂有金色的"佛泽万物"牌匾。经堂东侧房舍是喇嘛办公休息之所，西侧是壁画展厅，内有康熙皇帝在呼和浩特月明楼惩戒恶霸的传说壁画。佛殿的门匾上悬挂有光绪年间的"漫足西天"牌匾，佛殿北门上挂有"无量寺"的牌匾。进入佛殿，东边供奉药师佛，西边供奉护法神，佛殿走廊上置有一个尼玛法轮。天王殿与东西配殿、菩提过殿以及厢房，构成了大召主轴线上的第二个院落。

　　菩提过殿之后是大召的中心建筑大雄宝殿。大雄宝殿由经堂门前闪出的亭子、经堂和佛殿三部分组成。经堂门前闪出的亭子俗称抱厦子，是一座二层歇山顶式建筑，门上悬挂有"普渡慈航"的牌匾。过了亭子便是经堂，为喇嘛诵经学习之所。经堂内摆放着各种经卷以及跳查玛所用的面具、服装、法器等，墙壁上绘有佛教传说壁画，悬挂着的缯子上亦绘有各种佛像图案。佛殿和经堂是连为一体的，中间有隔扇和门。佛殿内有号称"大召三宝"的银佛、龙雕、壁画。大雄宝殿前为矩形的四层香炉，两侧对称摆放了两盏铜制油灯和两个鱼形铜制香筒。大雄宝殿两侧的东、西配殿形制与菩提过殿两侧的配殿完全一致，东配殿供奉胜乐佛，西配殿供奉集密佛。

　　九间楼在大雄宝殿以北，又称藏经阁，是二层硬山屋顶建筑。

玉佛殿

大召重修碑记

东侧院中的公中仓、菩萨庙现已不存。西侧院分为南北两个小院，南院由山门、乃琼庙和厢房围合而成，北院由五间楼、东西配房组成。西院的这些单体建筑形成了一个由山门、乃琼庙和五间楼组成的南北轴线，两侧配房沿轴线对称布置。乃琼庙的形制和大雄宝殿相接近，也是由亭子、经堂和佛殿三部分组成，但在体量上要比大雄宝殿为小。

大召的总体布局是以汉式为主，从山门前的牌楼直到后面的大雄宝殿，形成了一条自南向北的严格中轴线。中轴线上的天王殿和菩提过殿将这条轴线上的建筑群分作三个围合的院落，中轴线的两侧对称布置了石狮、钟鼓楼、东西配殿、东西配房等附属设施。中轴线东西两侧的偏院内的建筑，却不是按照严格的对称方式来布

无量寺铁香炉

藏经楼

局的，这种局部的不规则布局又体现了藏式佛教布局方式的影响。

此外，大召在建筑布局上还有一点引人注目，在召庙外南侧凿设了八孔水井，也就是"玉泉井"。这八孔水井传说是康熙皇帝征讨噶尔丹获胜后，归来路过大召前时，马踏出来的八孔井。虽然传说不可信，但也表明水井的开凿要晚于大召的初建，应是为了方便大召内喇嘛或周围居民吃水而开凿的。水井的位置也恰恰安设于南北中轴线上，从而更加突出了中轴线在整个建筑群中的重要地位。从建筑群本身的布局来讲，在地势平坦的城镇内，相对于藏式不规则布局，汉式的对称布局更能够体现出召庙的威严和神圣。

大召是阿拉坦汗为了在蒙古地方传播喇嘛教格鲁派而兴建的寺庙，它在当时蒙古地区的影响很大，特别是在内蒙古西部地区传播格鲁派喇嘛教方面产生过很大影响。一直以来，在庙宇林立的呼和浩特，大召是建筑规模最大、级别最高、历史最悠久的庙宇。至今仍是呼和浩特地区喇嘛教寺庙的代表。

‖43‖ 玉泉区席力图召

撰稿：迟利
摄影：孙利民

鼓楼

院落

全国重点文物保护单位。

位于玉泉区石头巷，大召寺东侧。席力图为蒙语"首席"的意思，因席力图召一世活佛席力图呼图克图而得名，汉名"延寿寺"。始建于明代万历年间。

席力图召原来本是一座小庙，即席力图召西侧的古佛殿，是明万历十三年（1585年）土默特部阿拉坦汗儿子僧格杜棱汗为迎接三世达赖喇嘛来呼和浩特而修建的。三世达赖来到蒙古地区，西藏方面派希迪图葛布楚陪同，后来成为席力图召的一世活佛，希迪图葛布楚精通佛典与蒙、藏、汉三种文字，受到蒙古统治者的推崇，他住的古佛殿香火兴盛。

万历十六年（1588年），三世达赖应明朝廷的邀请，从察哈尔到北京，在途中圆寂。三世达赖圆寂前留下遗嘱，命令希迪图葛布楚替他坐床传教，并且在办完后事后在东方寻找他的转世。希迪图葛布楚按照他的指示，在古佛殿坐床负责蒙古右翼的佛教事务。1589年，阿拉坦汗的孙子成为三世达赖的转世，为四世达赖云丹嘉措。希迪图葛布楚一直培养四世达赖，并于1602年把四世达赖护送到西藏坐床。因希迪图葛布楚曾抱着四世达赖坐在法

座，法座蒙语亦为席力图，所以他被称为席力图呼图克图。他从西藏返回归化城后，将他主持的寺庙改为席力图召，并加以扩建。

明崇祯十一年（1638年），席力图二世纳文罗桑错从青海来到席力图召坐床。

清康熙三十二年（1693年），席力图召四世呼图克图主持维修了寺庙。康熙三十三年（1694年）七月，康熙亲征噶尔丹途径归化城，驻跸席力图召，为其赐名为"延寿寺"。席力图四世呼图克图为康熙皇帝举行了祈福的诵经法会，康熙赐给席力

大雄宝殿

图召经书、宝石，康熙御赐碑文表扬席力图召四世对清廷的功绩。席力图召在寺内大殿前树立了满、蒙、藏、汉四种文字的征噶尔丹纪功碑。雍正十二年（1734年），席力图召五世呼图克图与清廷保持亲密的关系，被封为掌印扎萨克达赖喇嘛，总理归化城的喇嘛教务，使得席力图召活佛有了集中权利，召庙财力雄厚。咸丰九年（1859年），席力图召重修，大殿基础增高。光绪十三年（1887年），席力图召发生了火灾，光绪十七年重修，民国三十二年（1943年）又遭火焚，后重修，就是现在的席力图召。

席力图召坐北朝南，采取中轴线对称的布局，从山门到大殿形成一条中轴线，两侧是对称布置的侧殿、仓库、碑亭、钟鼓楼，之后是山门和山门前木制牌楼。穿过面阔三间的牌楼，经过一个宽阔的广场进入山门，进入山门后两侧分别是左钟楼、右鼓楼，院落东西有配房，正中为菩提过殿。过殿旁有垂花门，穿门而过是经堂大院，正面是大经堂，为汉藏结合式建筑，歇山式顶，屋面盖绿色琉璃瓦，脊上装饰鎏金的铜宝刹、神鹿、顶轮、飞龙等

饰件。藏式的女儿墙面用蓝色琉璃砖镶嵌并夹着黄色琉璃砖，组成绚丽的图案。大经堂前廊面阔七间，凸出于经堂之前，用曲角方柱大雀替和平屋檐，上层檐上饰铜法轮和双鹿，左右为平顶檐墙，镶蓝琉璃砖。经堂面阔进深各九间，64根明柱，上承平顶；明柱方形，外包黄地织蓝龙毛毡；经堂中央三间，在平顶以上开侧窗。

除这些主要建筑外，席力图召还有保存最完整的喇嘛塔，为双耳喇嘛塔。该塔建于清乾隆末年，由塔基、塔身和塔刹组成，通高15米。台基高1.6米，边长10.66米，用汉白玉雕刻垒砌。塔的基座用石条砌筑方坛，四面有阶梯可以攀登。方坛上面是叠涩的方形束腰座，束腰部位雕刻有火焰、金刚杵、狮子花纹图案，座的四

古佛殿

喇嘛塔

角树立圆状的盘龙柱。束腰座上面是五层叠涩的座，上面刻有梵文的六字真言，覆钵形白塔矗立在上面。覆钵形塔南面正中砌筑佛龛，内供奉无量寿佛。覆钵为肩宽形，上面装饰璎珞。覆钵上面塔刹用石头刻出十三项轮，上再覆铜质的星月和宝盖，白石塔身上面的纹饰都施以彩绘，形成鲜明的对比，显得更加光彩夺目。此塔是为了席利图召活佛延长寿命而建，应为长寿塔。

席力图召庙内保存着用满、蒙、汉、藏四种文字雕刻的康熙征讨噶尔丹御制石碑两通。

前佛殿俗称古佛殿，前面设置三间前廊。经堂为进深五间，面阔五间，经堂后面是面阔三间、进深三间的佛堂。佛堂外面三面设置廊，正中起坛塑三世佛，东西山墙彩绘十八罗汉，为古时所绘，四大天王、藻井、天花板也都未作改动。这个佛殿与大召的佛殿相似，应为明代建造。古佛殿是席力图召保存最古老的建筑，殿内除保存有珍贵的壁画外，其建筑特点也是研究呼和浩特藏传佛教寺院的宝贵资料。古佛殿的壁画，色泽艳丽，构图严谨。人物栩栩如生，反应出了明清之际高超的绘画艺术，是研究佛教壁画艺术的宝贵资料。

现席力图召活佛为第十一世呼图克图卡尔文·扎木苏活佛，1946年在青海被确认为转世灵童，1956年迎回席力图召坐床。

壁画

壁画

‖44‖ 玉泉区小召牌楼

撰稿：迟利
摄影：孙利民

内蒙古自治区重点文物保护单位。

呼和浩特素有"召城"之称，有"七大召，八小召，七十二个绵绵召"的说法。七大召为大召、席力图召、小召、朋斯克召、拉布齐召、班第达召、乃莫齐召；八小召为东喇嘛洞召、西喇嘛洞召、乌素图西召、美岱召、太平召、慈寿寺、广福寺、巧尔济召。

小召蒙古语称"巴葛召"，汉名"崇福寺"，位于玉泉区小召前街。根据史料记载，小召始建于明代，由阿拉坦汗的孙子俄木布洪台吉建造，他是17世纪内蒙古地区著名的弘法者。为了区别大召，蒙古人把俄木布洪台吉所建的这座寺庙称为小召。乃吉托音一世从科尔沁来到呼和浩特，在小召前建宅，1653年乃吉托音一世再度从科尔沁地区返回呼和浩特时小召已经破旧不堪，他在呼和浩特地区山中修行35年，此后赴内蒙古东部地区弘扬佛教二十余年。1679年乃吉托音二世来小召坐床，秋天到北京朝见了康熙皇帝，因其是科尔沁人，又被引而朝见了孝庄文皇后和孝惠章皇后，从此乃吉托音二世与朝廷的关系十分亲密，政治地位日渐提高。1696年乃吉托音二世随康熙皇帝参加了平

牌楼正面

定噶尔丹的战役，这年十月康熙凯旋途径归化城驻跸在小召寺，并且把自己全套的盔甲、弓箭、宝剑留在小召寺，以后每年的正月十五展览这些物品，呼和浩特本地人称为"小召晾甲日"。就在1696这一年对小召寺进行了一次修缮，康熙赐名"崇福寺"，并于修缮后不久，将原来的扎萨克大喇嘛印交给了乃吉托音二世，从这时起，小召凌驾于大召之上。1700年，乃吉

牌楼远景

崇福寺旧影

崇福寺旧影

托音二世将康熙征战噶尔丹事迹的御制碑文，以满、汉、蒙三种文字刻碑立在小召院中。小召的历代呼必勒罕为乃吉托因的转世，共七代。1889年，乃吉托音去世，没有再找转世灵童。

听老人讲，在清代的小召前街，车马喧嚣，商贾云集，小贩叫卖声不断。因归化城的二等细馆子惠丰轩、崔铁炉、大观园紧邻小召寺，所以这里热闹非凡，许多买卖人都聚集在这里。在康熙驻跸小召不久，发生了火烧半道街的传说。故事讲，有一位赤发老人肩扛笊篱沿街叫卖，而着火后未见踪影，人们认为他是火神的化身，他谶语"早离"，人们不解其意，终于酿成大祸。小召前街道一半被烧毁，只剩半道街，所以后称"小召半道街"。小召在"文革"中遭到很大破坏，现仅存寺院最南端的小召牌楼。

小召牌楼位于寺院中轴线的最前端，在为了庆祝崇福寺扩建30周年由汉商在1727年捐资而建。牌楼内三间四柱三楼，由台基、柱额、斗拱、檐楼、梁架、屋盖等部分组成，通面阔10.2米，通高9.37米，汉白玉夹柱石上有两道铁箍，每根柱子与戗柱用木枋连接。转角斗拱的处理突破了一般牌坊柱出头的构建，斗拱自坐斗出昂，属于十三踩如意昂，比宫殿式建筑最高规格还多出两踩。柱式布局采取独立柱和戗柱的结构做法，两中柱与边柱都形成内倾的形式，用横向枋和垂莲柱联络结构，四柱均出头至屋顶，斗拱采取层层叠叠横向拽枋相构合的方法，屋顶为歇山顶，上覆琉璃瓦。

小召牌楼是小召唯一保存的建筑物，它在建筑造型、结构等艺术处理上独具风格，是清代牌楼中的精品，为研究中国古建筑提供了宝贵的实物资料。

牌楼旧影

‖45‖ 回民区乌素图召 ————————

撰稿：李春雷

摄影：肖国华

全国重点文物保护单位。

位于回民区攸攸板镇西乌素村，地处大青山南麓地带。"乌素图"为蒙古语，意为"有水的地方"。

乌素图召是由庆缘寺、长寿寺、法禧寺、广寿寺、罗汉寺五座寺庙组成的建筑群，因同处乌素图谷，故统称乌素图召。五座寺院毗邻相接，以庆缘寺为中心，东南是长寿寺，东北是法禧寺，北面是罗汉寺，再向北是广寿寺。乌素图召总占地面

乌素图召全景

山门

大殿

积约1.2万平方米，相继建于明清两代，因为年久失修，寺院建筑整体保存较差。庆缘寺大殿东西山墙上绘制的壁画色泽艳丽，保存较好；法禧寺大殿内也保存有壁画，大殿后面还有有一棵树龄达二百多年的菩提树；广寿寺于"文革"期间被拆除，现只有部分基址尚存。五寺依山傍水，占地高爽，登楼远望，可将土默特平原尽收眼底。

庆缘寺坐北朝南，整个建筑采用了中轴对称、依次递进的格局建造。寺庙的山门为天王殿式，山门两旁各开一门，东侧称广寿门，西侧称通经门。过山门进入寺庙前院，院落北面正中为大雄宝殿，东西两侧各有配殿一座。再往后进入后院，正中有五间楼建筑的佛爷府，东西建有对称的配殿、厢房等建筑。

大雄宝殿是庆缘寺的主体建筑，也是极具特色的一座汉藏式建筑。宝殿由两部分组成，前设经堂，后为佛殿，中间用隔扇相隔。佛殿正面供奉五方佛，两旁的神台上分列八大菩萨。在东、西两面的墙壁上绘满了精美的壁画，壁画是庆缘寺的"一绝"，也是呼和浩特市召庙壁画艺术中最优秀的作品之一。

庆缘寺俗称察哈尔喇嘛召，创建于明万历三十四年（1606年），创建人是察哈尔佃齐呼图克图。他原是察哈尔部人，林丹汗时期来到呼和浩特，于城西北山洞坐禅修行，年深月久，以"察哈尔佃齐"（察哈尔部的禅师）著称。到1606年，察哈尔佃齐组织蒙古匠人希古尔、拜拉二人在乌素图谷的那尔苏台山（松树山）下设计建造了一座寺庙。寺庙有正殿一座和左右偏殿二座，还有一处四大天王庙。殿内塑释迦牟尼等五大佛像、八大菩萨、二渡母以及达赖和班禅像。寺庙建成后，察哈尔佃齐便成了乌素图召的第一代活佛。

康熙十年（1671年），察哈尔佃齐圆寂，享年93岁高龄。察哈尔佃齐的呼毕勒罕共转世八代。康熙三十五年（1696年），康熙征讨噶尔丹，回师途经呼和浩特小召，有人抱着幼小的察哈尔佃齐三世朝见了康熙，康熙帝敕赐"呼图克图"封号，乌素图召的"呼图克图"由此而来。察哈尔佃齐最后一世的法名为敏珠尔道尔吉，于1903年圆寂，此后再未请转世活佛。

到了乾隆四十七年（1782年），庆缘寺因年久失修，破损不堪。于是在这一年将整个佛寺修葺一新，并增修殿堂。第二

长寿寺

长寿寺

法禧寺旧影

法禧寺正殿

现存嘉庆七年（1802年）所立蒙、汉石碑各一，记述了建寺及历次修庙情况。

长寿寺原名察哈尔速木寺，初建于明隆庆年间，清康熙三十六年（1697年）由察哈尔·迪彦齐三世罗布桑旺扎勒扩建。以后又曾多次修葺，始成现在的规模。这座寺庙自清雍正二年（1724年）开始，到嘉庆七年（1802年）曾先后六次修葺，尤其嘉庆年间的修葺，动用了白银万两，几乎全部改建。寺中殿堂彩画和泥塑雕像，到新中国成立时还比较完整，可惜现已残存无几。

法禧寺是一座两进院落的寺庙，主要建筑有天王殿、佛殿、佛爷府、厢房等。佛殿是一座藏式特点浓厚的汉藏式建筑，正面有法轮、祥鹿等饰物，四周围墙均有藏草、铜

年清廷赐汉名"庆缘寺"，赏满、蒙、汉、藏四体寺额。其后也几次整修，但基本上仍保持了原有规模。

长寿寺的主要建筑有山门、天王殿、佛殿、钟楼、鼓楼等。寺庙的主体建筑为汉式结构的佛殿，殿内曾供有二米多高的木雕长寿佛像及八大菩萨像，佛座前还供有鎏金释迦佛像一尊和小巧玲珑的铜城两座。该寺庙保存较差，原始建筑多无存，

法禧寺

镜等装饰。殿内原供奉药王菩萨，神案上常年存放藏药，供平民使用。

　　法禧寺是由乌素图召第三代活佛罗布桑旺扎勒于雍正三年（1725年）修建的，他擅长医术，寺内供药师佛，当时的寺名为"玛勒不苏莫代"（药王庙），乾隆五十年（1785年）清廷赐汉名"法禧寺"。该寺曾保存了青海佑宁寺的青海蒙古人松巴堪布·益西班觉(1704～1788年)所著《松巴堪布经》的木刻版。经板共有

3455块，包括了经、律、论、医、算五门学问，是一部极有价值的藏文著作。现在学界所看到的松巴堪布的名著《印度、中国、西藏、蒙古圣教史如意宝树》（简称《如意宝树》）呼和浩特藏文版就是这个寺的版本。可惜"文革"期间，寺里所存木刻印版全部佚失。

广寿寺在庆缘寺正北的罗汉寺北面。此寺原是席力图四世呼图克图纳旺罗布桑拉坦所建。据延寿寺档案记载，康熙二十九年（1690年）冬，席力图呼图克图为祝佑圣主万安，在呼和浩特西北部乌素图河岸兴建一寺，呈请寺名，赐广寿寺。因为这座寺院也在乌素图山之阳，所以也通称为乌素图召。后归席力图召管理，成了席力图召的属庙。"文革"期间，广寿寺被西乌素图村农民拆毁。

罗汉寺规模较小。主体建筑佛殿是一座典型的汉式建筑，面阔五间，歇山顶，

罗汉寺

坐落在一座砖石筑成的二层台基上。佛殿内原有十八罗汉出山、观音菩萨救八难等雕塑，其中尤以十八罗汉出山最为引人入胜。诸位罗汉立在十八个泥塑洞府，高与生人齐，形象生动，彩色鲜明，塑工精巧，在内蒙古地区堪称一绝。

罗汉寺是乌素图召第三代活佛罗布桑旺扎勒于雍正三年（1725年）修建的，是罗布桑旺扎勒自行投资修建的一座佛殿。

据说，这座寺院建成后，一直没有扩建，到"文革"时还保持着原样，然而今非昔比，塑像全部被毁掉。

乌素图召依山傍水，既是朝佛的圣地，也是著名的风景旅游区。这里山清水秀，景色宜人，春季鸟鸣花艳，夏季糜粟竞秀，秋季叶黄满地，冬季银装素裹，可尽享四季变幻之美景。

‖46‖ 土默特左旗喇嘛洞召

撰稿：王兰柱
摄影：王兰柱

全国重点文物保护单位。

位于土默特左旗毕克齐镇北10公里处的喇嘛洞沟深处，明万历四年（1576年）由高僧察汗·博格达所建。原建规模不大，清顺治十五年（1658年）扩建新寺，1783年增修，清廷赐名广化寺，是呼和浩特市地区建制较早的喇嘛教寺庙之一。

喇嘛洞召四面环山，中间为一平地，面积达数十亩。山上古松参天，平地泉流纵横，风景秀丽，环境幽雅。寺庙南面是宽阔的山沟，阳光充足；东面山势较缓，松柏疏密有致；西面的狮子背，奇峰凸起，青松遮天翳日；银洞山矗立背面，泉水裂隙而出，斗折蛇形。冬季银装素裹，却无冷风袭扰；夏季山风习习，沁人心脾。晨钟暮鼓，经声回荡。三春可观山花遍野，金秋易看层林尽染。浩瀚的云海，美丽的彩虹，沁脾的山泉，天象景观应有尽有，神韵斐然。

寺庙分前后两大部分，前寺殿宇二进，护法殿在前，汉藏结合式建筑的经堂次之，殿左右有合抱松树两棵，高三丈有余。后为大雄宝殿，殿左右分别建有八角楼，外观为三层。

后寺

后寺八角楼

前寺

喇嘛洞摩崖佛造像

喇嘛洞摩崖佛造像

喇嘛洞摩崖佛造像

走出前寺，经广场可达后寺。后寺为三进，一进院建有过殿，东西僧房；二进院建有垂花门，东西禅房；三进院建有二层阁楼式大雄宝殿，由东往西依次为佛爷府观音阁，正面为三世佛，西为佛阁。

最北为银洞山。山腰有石洞，为察汗·博格达修行处，称为银洞。洞前有三层楼阁，依山建造，楼下石阶直抵山脚，为124阶，登楼远望使人目眩。

在上述建筑外围共有僧塔四座，均为覆钵式。除此而外附属建筑有护法殿、龙王庙、敖包等。

察汗·博格达名虔斯克巴，出生年月无考，明万历初从西藏来到土默川，在银洞长期修行。后金天聪元年（1627年）圆寂，是喇嘛洞召第一代活佛。

喇嘛洞召以印经为名，其实是研究佛理经典，同时对研究对象做必要的经文注释，补充修订后印刷发行，因而在佛学研究方面有较高的地位。同时，修造了大批精湛的摩崖佛造像。

喇嘛洞召从第一世活佛察汗·博格达开始，至民国三十二年（1943年），先后有八世活佛坐床，弘扬佛法，主持修行，使喇嘛洞召香火延续不断。清朝后期，黄教渐衰，召庙土地多被占据，布施减少，生活贫困，该寺渐渐衰败。

喇嘛洞摩崖佛造像

⫼47⫼ 玉泉区金刚座舍利宝塔

撰稿：迟利
摄影：孙利民

全国重点文物保护单位。

位于玉泉区五塔寺后街48号。原为清代归化城东南方向慈灯寺内的一座建筑，因塔座上有五座方形舍利塔，又称五塔寺。

慈灯寺为小召的属庙，是一处藏传佛教的寺院，建于清朝雍正五年（1727年），雍正十年清廷赐名为慈灯寺。

相传建造绥远城时，遭到归化城喇嘛、乡绅的反对，认为建造绥远城破坏了归化城的风水，于是上奏朝廷建造寺庙以起到镇护的作用，所以慈灯寺又称"新召"。

原慈灯寺的建筑布局，经文献资料、考古发掘相互佐证，应有三重院落。从山门进入一进院，中间为三世佛殿，两侧分别为圣观音殿和二十一度母殿；经随墙门进入二进院，正面为金刚萨锤殿，东配殿为阿弥陀殿，西配殿为不空成就佛殿；三进院正面为大日如来殿，东配殿为南方宝生佛殿，西配殿为东方阿閦佛殿。寺院的最北端便是金刚座舍利宝塔。

整个寺院的布局为金刚界曼陀罗坛城，是一个以金刚萨锤为中心的曼陀罗坛城。坛城即圆轮子的意思，就是诸佛的法

力集中在一起，形成密宗修行的坛场，增进修行者的法力。金刚萨锤是密宗的第二主，是大日如来的化身，是一切智慧和力量的具体化现。每到正月初一、十五，归化城的喇嘛们绕走慈灯寺，就是绕坛城，是密宗修行的一种——"观想"。这座寺院如同汉传佛教寺院的道场，它是大日如来的道场。慈灯寺的真正含义是佛法如同灯火，照亮尘世中的芸芸众生，引导他们摆脱欲望的苦难，达到解脱，进入涅槃境界。

只可惜原寺宇损毁，唯留宝塔。

金刚座舍利宝塔仿造印度菩提迦耶式塔而建，在一个方形的宝座上耸立着五座小塔，中间塔较大，其他四座小塔大小一样。金刚座舍利宝塔通高16.5米，由塔基、金刚座、宝塔组成。塔基高近0.9米，金刚座高近8米，座上耸立着五座小

五塔寺

小塔上的塔刹

大日如来佛像

塔，中央塔七层，其余四座小塔为五层，四周须弥座上雕刻有佛教吉祥物和五方佛的坐骑。金刚座分有七层，每层都有琉璃瓦挑檐，上面砖雕千佛环绕，佛像曾用黄金装饰。随着岁月的流逝，金箔已经完全剥落，失去往日的金碧辉煌。

金刚座舍利宝塔上的五座塔代表的就是金刚界五方佛，即大日如来佛、东方阿閦佛、南方宝生佛、西方阿弥陀佛、北方不空成就佛。

舍利梵文为"尸骨"，通常指佛祖火化后留下的固体物。舍利分三种：法身舍利，佛祖所讲的佛教经典；影身舍利，为替代舍利的宝石；生身舍利，为佛祖火化后留下的固体物。塔是佛教中用来供奉舍利的，因对金刚座舍利宝塔未进行全面的调查发掘，所以舍利究竟藏于何处尚无考证。

曼陀罗坛城是密教修行的坛场，它能汇集诸佛的法力，使接受灌顶的修行者迅速获得成就，法力无边。根据《大日经》等密宗经典的叙述，建造曼陀罗要选择"形胜之地"，例如如来八大塔前、菩萨生处、高山顶上、舍利塔前。慈灯寺就选在了舍利塔前，是完全按照宗教仪轨及"拣择地法而建"的一座金刚界曼陀罗坛城寺院。

在金刚座舍利宝塔后面有三块石刻：六道轮回图、须弥山分布图、蒙文石刻天文图。

金刚座舍利宝塔砖雕

金刚座舍利宝塔砖雕

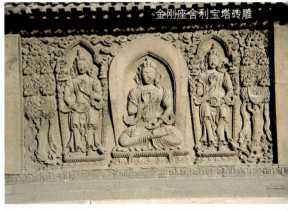

金刚座舍利宝塔砖雕

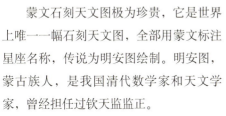

金刚座舍利宝塔

金刚座舍利宝塔砖雕

　　蒙文石刻天文图极为珍贵，它是世界上唯一一幅石刻天文图，全部用蒙文标注星座名称，传说为明安图绘制。明安图，蒙古族人，是我国清代数学家和天文学家，曾经担任过钦天监监正。

　　六道轮回图、须弥山分布图、蒙文石刻天文图三幅图连贯起来的含义是：佛教修行讲境、行、果。境就是理解、观察的对象境界（观曼陀罗坛城）；行就是经过观察起信，修行实践；果就是经过按照佛教的修行，求证圣果的思想行为，达到一种结果。有什么样的行为结什么样的果，说通俗就是进入六道轮回的哪一道，根据修行的结果，决定你来世的命运。须弥山分布图是佛教宇宙观的体现。蒙文石刻天文图是中国人古老的宇宙观，认为天为圆，地为方，盖天图就是中国古老宇宙观的体现，佛教用盖天图佐证佛教宇宙观的正确性，重要的意义在于弘扬佛法，让更多的人信奉佛教。

清代光绪十二年（1886年），随着寺内活佛去世，慈灯寺从此再没有活佛，寺庙开始萧条，失去了往日的繁华，逐渐荒弃。民国时期还保留着完整的建筑，20世纪30年代大殿还存在，听老人们讲在50年代后逐渐遭到破坏。

2007年呼和浩特市文物部门根据市委、市政府的指示精神，对五塔寺遗址进行全面调查，恢复慈灯寺建筑布局。岁月荏苒，慈灯寺等待了近三百年终于恢复了原貌，它是呼和浩特唯一一座坛城寺院，对于研究藏传佛教文化具有极高的科学价值。

三世佛殿

大日如来佛殿

二十一度母殿

金刚萨锤殿

‖48‖ 玉泉区乃莫齐召

撰稿：迟利
摄影：迟利

内蒙古自治区重点文物保护单位。

位于玉泉区大南街街道办事处小西街社区乃莫齐召夹道巷13号，汉名隆寿寺，康熙八年（1669年）由绰尔济喇嘛建造。建成后绰尔济请求皇帝允许其弟子迁入，并举行了呼拉尔，按照圣旨绰尔济喇嘛成为这里的扎萨克喇嘛。康熙 三十四年（1695年），乃莫齐召进行第二次维修，竣工后，皇帝赐名"隆寿寺"，并用蒙、满、汉三种文字书写寺额，悬挂在寺门之上。嘉庆十年（1805年）寺庙被大火全部烧毁，后又重新修建起来。光绪二年（1876年）扎萨克喇嘛诺儿丕力募捐续修。

整座寺院坐北朝南，沿用汉藏结合式的三路纵向布局，建有喇嘛塔、天王殿、过殿、大经堂和九间殿，左右还有东西仓，"文革"遭到严重破坏，现大部分建筑已被拆除，保留下来的原有建筑只有大

乃莫齐召旧景

全景

乃莫齐召旧影

乃莫齐召旧影

乃莫齐召旧影

乃莫齐召旧影

经堂，近两年又修建了山门和钟鼓楼。

　　原大经堂由前廊、经堂、佛殿几部分组成，屋面外观呈歇山式的三重建筑，一二重建筑相连构成前廊、经堂，穿过天井就是第三重建筑——佛殿，经堂和佛殿相距只有一米。

　　前廊、经堂为两层藏经阁式建筑，二

层为藏经阁，十字天花板保存完好，绘有六字真言，中间为藻井，藻井的中心绘制曼陀罗坛城，内容模糊不清。前廊面阔三间，饰以四根藏式方柱，有大雀替，雕有祥云，柱头雕有瑞兽。殿门是典型的藏式风格，楞柱、蜂窝枋为藏式大雀替装饰。

佛殿为一层，北有二根明柱，上端饰有蟠龙，头面似人，形象逼真。后墙、东西山墙均有壁画，壁画被大白粉所覆盖。东、西墙体有悬空的云朵佛座，从保存的现状来看上面应有供奉的神祇或尊者，已毁。顶部藻井保存较好，彩绘内容模糊不清。其余平棊顶绘制无量寿佛图案。佛殿屋面正、垂脊用黄绿琉璃瓦装饰，其余屋顶用青瓦装饰。外檐梁架彩绘为旋子彩绘，枋心绘有人物风景。

2011年呼和浩特市佛教协会对乃莫齐召进行修缮，同年竣工。修缮后的大经堂整体结构保持原样，前部分仍然为前廊、经堂、佛殿。经堂周匝设内廊，形成礼拜廊，靠近后廊供奉着释迦牟尼佛、燃灯佛和弥勒佛（三世佛），三世佛前面是诵经的场所。佛殿三面起筑佛台，正面是一尊高大的药师佛像，东西山墙各塑三尊，共七尊药师佛。乃莫齐召主要供奉的就是药师佛，老百姓到这里求药看病，烧香祈求药师佛保佑他们健康长寿，解除病痛的折磨。

撰稿：迟利

摄影：齐纬

呼和浩特市重点文物保护单位。

位于新城区毫沁营镇红山口村东北方向约4.5公里的大沟内，在沟北面的高山崖壁上有清代的摩崖石刻佛教造像，它的东侧有两处小石窟，为僧人修行的禅窟，因山上有几棵榆树遮挡，山下根本无法看到石刻造像。摩崖石刻右侧因自然坍塌及炸山采石使山体遭到严重破坏，对石刻造成潜在的威胁。

摩崖石刻佛教造像一尊为佛像，高约

全貌

红山口摩崖石刻弥勒菩萨造像

4米，面部扁平，圆鼻头，两眼细长，大耳垂肩，手结说法印，结跏趺坐，通肩袈裟，衣纹为阶梯状，衣袖宽大，是典型蒙古造像特点。另一尊为弥勒菩萨像，高约8米，面相扁圆，圆鼻头，戴耳环、臂钏、手镯、项链，倚坐在高大的叠涩座上，赤足双脚踏在双层仰莲装饰的台上，莲瓣硕大，阶梯状的衣服垂在佛座前，腰间系花结，两腿向外分开，穿长裤外着裙，纹饰为阶梯状。根据这两尊造像的风格、题材考证，摩崖石刻应为清代的石刻造像。

在摩崖石刻的左下方有阶梯状的三处高台地，为寺庙遗址。三层台地用石头依山而筑，形成三个广阔的平台，上面建造房屋。最高处的台地上还留有一处破损的房屋，只存有东西各半截破损的山墙，山墙中发现有砖、瓦残片夹杂在内，遗址地表散落着大量的沟纹砖，素面铺地方砖，黄色、绿色琉璃筒瓦，绿釉、蓝釉长条砖，莲花瓣滴水，屋脊，猫头，石臼等建筑残件，并有少量素面圆唇小口陶罐、素面侈沿灰陶盆、青花瓷碗、外黑釉内褐釉瓷罐、刻花白瓷碗等器物残片，东侧山坡的草地中还有一尊残石龟碑座。

摩崖石刻所在地势险要，造像高大，非一般人所为，而寺院虽远离城区，但是地表散落有琉璃瓦，可见寺院档次之高。摩崖石刻旁边两处禅洞说明曾是高僧坐禅修法之地。因此，这里可能是呼和浩特一处重要的藏传佛教寺院，是一位得道高僧的修炼之地。

红山口摩崖石刻佛像

红山口庙址发现的石臼

红山口庙址龟形碑座

红山口庙址

‖ 50 ‖ 土默特左旗白塔山摩崖石刻

撰稿：王兰柱
摄影：王兰柱

呼和浩特市重点文物保护单位。

位于土默特左旗兵州亥乡讨合气村北的白塔山半山腰，由东向西盘岩而上，呈带状分布。

白塔山处于大青山中段，登白塔山眺望，北面山山相连、云雾缭绕。

白塔山佛教遗存分为上、中、下三部分内容。山脚是僧人住地遗址，山腰为石刻经文，山顶是石刻佛造像。

山腰石刻经文内容为梵文、古蒙古文、藏传佛教六字真言，雕刻手法均为阳刻。经初步辩识，除经文外，也有少数祈愿义，有的有题刻落款，如温布台吉。

山顶的摩崖佛造像的制作手法有浮雕、有阴刻，近三十尊，大部分高30厘米左右，也有几处高近一米。大部分保存较

白塔山

古蒙文经文

蒙藏文经文

蒙藏文经文

差，风雨剥蚀严重，个别状况较好。佛造像有佛、菩萨、护法神、佛八宝等，均为藏传佛教内容。

从摩崖佛造像凿刻手法上看，其线条呆板、不流畅，佛造像雕刻浮浅，没有精雕细作，不及喇嘛洞召摩崖佛造像的凿刻工艺，为早年之作，初定为明隆庆到万历年间察汗喇嘛的一处修行道场。

白塔山佛教文化遗存是藏传佛教传入蒙古的历史见证。在北元蒙古各部中，土

石刻造像

石刻造像

默特部蒙古人最先信奉喇嘛教。16世纪的土默特部，经济社会发展迅速，部落强盛，在社会相对安定的环境中，人们对精神生活的追求日益强烈。正是在这种背景下，土默特部蒙古人选择了最适合游牧生产、生活的藏传佛教为自己的宗教信仰，建立起自己的精神家园。以白塔山为道场的察汗喇嘛，是藏传佛教格鲁派古扬喇嘛的弟子。察汗喇嘛在白塔山修行过程中，

影响越来越大，拥有众多信徒，道场内的岩刻、摩崖造像都是喇嘛和礼佛的土默特部蒙古人发愿凿刻下来的。

白塔山摩崖石刻与喇嘛洞召是一脉相承的，与土默特左旗境内一些规模较小却同样重要的佛教遗存，如小朱尔沟的摩崖石刻、把什狮子山的小喇嘛洞等，构成了一条佛教文化的历史长廊。

石刻金刚像

石刻造像

‖51‖ 呼和浩特观音庙

撰稿：迟利
摄影：肖国华

内蒙古自治区重点文物保护单位。

位于玉泉区南柴火市街路南泉源巷内，是呼和浩特市现存唯一一所较完整的汉传佛教寺院。寺庙始建于清嘉庆年间（1796～1820年），距今已有二百多年的历史，为汉式建筑，原来的建筑为四方形一进院落，布局有正殿、东西配殿、山门、钟鼓楼等。因大殿坐南朝北，人们又管它叫倒坐观音庙。

现存的主要建筑有正殿、东西配殿、牌楼式山门、韦驮殿、山门东西两侧的用房、影壁。大殿为勾连搭式建筑，前卷后殿，面阔五间，抱厦面阔三间。正殿悬挂着"观音宝殿"的匾额。殿内正面塑观世音菩萨的像，在观音像两侧塑有文殊、普贤菩萨，东西山墙绘有精美的壁画，绘有观音菩萨三十二应身和三十三化身像。东西配殿各三间，东配殿供奉的是地藏王菩萨，西配殿供奉的西方三圣即阿弥陀佛、观音菩萨、大势至菩萨，壁画描写的是十八罗汉闭关修行的内容。山门面阔三间，明间较大，两次间较小，同时也是牌楼，为四柱三间三楼的做法，一座建筑两种功效。山门两侧有厢房，西面四间，东面三间。东侧房屋墀头戗檐砖一为浮雕

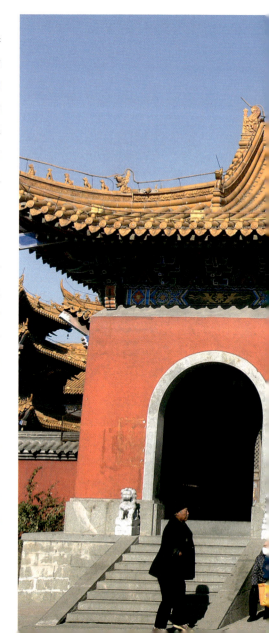

旧山门

新建山门

新建大雄宝殿

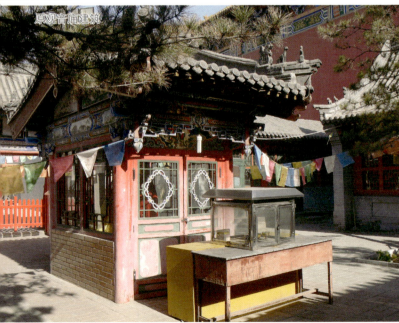

原观音庙建筑

东配殿

法轮式样，一为荷花式样，雕饰精美；西侧建筑，吻兽、戗檐砖与博风板也保存完好。正殿及东西配殿梁枋之上原来绘制的彩绘均无存。

观音庙在新中国成立前屡遭破坏而废弃，从2004年以来，对该寺庙进行了大规模的扩建，在原来庙宇的南面兴建了高大宏伟的殿宇。现在的观音庙山门面阔三间，歇山顶，开启前后券门，中间券门较大。穿过山门进入一进院，正面为面阔三间的天王殿，前后启门，东西山墙绘满了壁画，大殿周匝设内廊，中间供奉大肚弥勒佛。天王殿东西侧建有钟鼓楼，同时钟鼓楼也做伽蓝殿和祖师殿并用。过天王殿为二进院，正面是三层重檐歇山顶建筑，面阔五间，两侧稍间作为内廊，大殿前面有月台。"圆通宝殿"匾额高悬，气势磅礴，庄严肃穆。圆通宝殿之后就是三进院，大殿内塑释迦牟尼佛像。原观音庙建筑坐落在西北方向，仅成为现寺院的一

新建祖师殿

西配殿

新建伽蓝殿

部分，在华丽、雄伟的大殿面前，显得古朴而神秘。从原观音庙的建筑及壁画来考证，它是一处典型的汉传佛教寺院，每到农历二月十九、六月十九、九月十九观音诞生、得道、涅槃的日子，观音庙都举办祭奠仪式，前来烧香拜佛的人络绎不绝，熙熙攘攘。近几年每年正月初六至十五期间，玉泉区都要在这里举办庙会。

‖52‖ 玉泉区土默特文庙大成殿

撰稿：迟利
摄影：肖国华

内蒙古自治区重点文物保护单位。

位于玉泉区土默特小学院内，建于清代雍正二年（1724年），由土默特都统丹津奏请在归化城南门外建造。与文庙相连的是土默特官学，其实是一个院落隔成两半，东面是文庙，西面是土默特官学。

文庙原建筑布局为整体院落坐落在高台之上，坐北朝南，院落前面有一石照

文庙大成殿背面

文庙大成殿正面

壁，照壁北面是四柱三间的圆木栅门（棂星门）。穿过棂星门，东西齐房各一间，踏泮桥过正门，正门东西两侧开随墙门，随墙门的两侧各有面阔三间的小殿堂，东面为宦祠堂，西面是乡贤祠。进入正

门后，正对面是面阔三间的正殿，殿内供奉着孔夫子的牌位，前面有供桌，刻着皇帝赐予该庙的题词。东西配殿各三间，供奉着几位理学家和文人的排位。在正殿后面又建有一座大殿，称为崇圣祠，面阔三间，殿的东侧是六角形亭，内有一幅八卦图，西侧为祭器库房。每年择日归化城副都统率官员致祭。乾隆三十九年（1774年）、道光四年（1824年），文庙两次重修。

文庙现仅存大成殿，坐落在砖砌的台明之上，坐北朝南，面阔三间，通面阔10.55米，通进深10.54米，占地111.2平方米。硬山顶，屋面覆盖绿色琉璃瓦，砌花脊，有吻，垂兽，带前檐廊，保存较好。屋内平棊顶，后廊设殿内，前廊廊心墙有砖雕，图案下方雕有一只鹿，上方为松、

土默特文庙街小学

鹤图案，鹿嘴内衔着灵芝，代表福禄延年，绵绵不断。前廊柱装饰有雀替，明间雀替雕刻有仙桃、竹子、书籍、宝瓶等，次间雀替雕刻有喜鹊登梅。前檐戗檐砖雕为麒麟图案。山墙下碱墙的迎风石、压面石保存较好，上面均雕刻有喜鹊登梅图案。门窗为雕刻的木质门窗，后墙下碱墙放置迎风石、压面石，后墙开三个正方形的窗。在屋后立一通青石碑，碑上刻有当时土默特都统官员的职位和管理职责，字迹清楚。

土默特学堂就是文庙西侧的院子，建于雍正十三年（1735年）。通智等人奏请朝廷，从土默特六十个苏木中选拔了聪慧的男童到归化城上学，抽调官员教习，设蒙古、满洲教习，恭祀至圣先师，成为归化城有名的土默特官学，为统治阶级选拔人才，对呼和浩特地区蒙古族的教育发展起到了积极的作用。光绪十二年（1886年），土默特官学改名为启运书院，课程专重满、蒙文及骑射，教习、学生的膳费

按月从土默特旗旗库中拨付。学习成绩优秀的，拨入兵户两司署当差，练习公务。光绪二十九年下令将一切书院、官学改为学堂，启运书院改为土默特高等小学堂。宣统三年（1911年）九月，归化城副都统麟寿奏请，在土默特小学堂内附设翻译学校。1903年又改为土默特高等小学堂，后又改为文庙小学，1978年改为土默特学校。原有建筑均已拆除。

土默特文庙还是一处重要的爱国主义教育基地。清末土默特学校的云亨、经权等人在绥远组织了同盟会会员，积极开展反帝、反封建的斗争，辛亥革命后，云亨、经权被孙中山任命为绥远将军和都统。"五四"运动期间，土默特高等小学堂蒙、汉学生积极投入反帝、反封建的革命斗争。1921年，土默特学校的学生参加了砸电灯公司的斗争，并且成为斗争的主力。1923年后，北京蒙藏学校学生乌兰夫、奎璧、多松年、李裕智、赵诚等在李大钊、邓中夏的亲切教诲和帮助下，走

文庙大成殿迎风石

文庙大成殿前廊雕花雀替

文庙大成殿廊心墙砖雕

戗檐砖雕

上了革命的道路，先后加入中国共产党，成为内蒙古地区最早的一批中国共产党党员。土默特学校是一所具有光荣传统的民族学校，在不同历史发展时期，土默特学校的师生和校友们是站在时代潮流的最前列，前仆后继，创立了可歌可泣的业绩，涌现出了一代又一代的杰出人物，因而被赞誉为"内蒙古革命的摇篮"。1985年，土默特学校对文庙大成殿进行了修缮。

‖53‖ 呼和浩特清真大寺

撰稿：袁永春
摄影：孙利民

全国重点文物保护单位。

位于回民区通道南街28号，坐落于通道南街与北大街十字交叉口东北角。是呼和浩特市建筑年代最早、规模最大的一座清真寺，故得名清真大寺。清真大寺始建于清康熙三十二年（1693年），初建时较为简陋，仅有土屋数间。乾隆五十四年（1789年）扩建，光绪十八年（1892年）建山门，光绪二十二年（1896年）建照壁。1923年穆斯林信徒募捐再度重修，成为现在的规模。现全寺占地面积约4000平方米，总体布局较为工整而不严格对称。寺内主体建筑沿东西向轴线纵深布置，附属建筑分布于南北两侧，形成了东西方向上的数重院落。

清真大寺坐东向西，中间为朱红色正

清真大寺旧影

清真大寺正面

清真大寺砖雕文字

门。正门面阔三间，宫殿式歇山顶，前有廊檐。门楣悬"清真大寺"横匾及"国泰"、"民安"四个字。正门两侧开有便门，两边是蓝色墙面。寺门前原有影壁，现已拆除。

进入正门，面对的是礼拜大殿后壁，紧邻礼拜大殿南、北两侧有甬道可通往寺院内。首先进入的是主院，全寺的主体建筑礼拜大堂入口面向主院，坐西向东位于东西向主轴线上。大殿前有月台，登上月

望月楼旧影

五间，中间开带砖叠涩窗套的中式雕棂方窗，两侧四间开拱形窗洞，窗洞上、下加砖雕彩绘装饰。

大殿屋顶以中国传统屋顶的勾连搭相接的方式建造，在纵深方向上共分为四进，由五座高高低低、精巧美观的攒尖亭子顶构成，寓意伊斯兰教的"五大天命"，即念、礼、斋、课、朝。这样的构造，既改善了大殿室内的采光，也给整个清真寺的外形增加了高大华美的感觉。

大殿结构采用了我国传统的砖木混合方式，由纵横各四排共16根漆红大柱支撑着木屋顶。室内屋架构造不露明，除五座攒尖顶层层升起藻井支撑尖顶可见外，其余部分都以平棊吊顶。大红支柱上刻着绿

台可进入大殿。大殿东向为主立面，面阔五间，中部为殿门，三开拱形门，门楣上刻有精细的阿拉伯文，意为"安拉是天地间的光辉"。两侧各间装有雕棂方窗，檐部升起带有弧形和涡卷的山花墙。后立面的砖砌石墙纵向划分为檐部、腰部、角部三段，均饰以砖雕彩绘，中上方镌刻"认主独一"四个大字，稍下自右向左为"明心、正心、诚意、修身、见性"10个正楷大字。南、北两侧立面完全对称，均分为

清真大寺

底金字的《古兰经》，大殿内壁上也饰有经文。平棊方格上绘着青绿素雅的彩画。光线从大殿两侧墙面上开设的大玻璃窗照射进来，加上五个采光顶投射下来的光线，使整个室内空间显得开敞明亮，清新整洁。大殿可容五百多人。

大殿室内外均以阿拉伯文、几何线纹和各种植物作为装饰题材，以白、绿两色为彩绘的基调，以金色经文为主调。装饰布局工整对称，庄严肃穆，使礼拜大殿建筑具有了浓郁的伊斯兰风情。在室内外装饰手法上，又兼容我国传统建筑的彩绘艺术和山西传统建筑的砖雕艺术，使整座建筑显得流光溢彩。

面用汉文和阿拉伯文书有"望月楼"三个大字，正东面底层设入口。其余四层六面墙体隔层隔间设置拱形窗，随棱面减小窗形亦缩小，富于变化。整座塔楼设置两圈望台，第一圈设于第三层，是室外望台加扶手栏杆；第二圈设于第五层，顶部盖一座六角攒尖顶式凉亭，攒尖顶端的铁柱上高高托起月牙灯。塔楼内有78级螺旋木梯道，可盘旋环绕而上。

寺内除主体建筑外，大殿正东轴线上建有穿堂过厅，厅内壁上绘有麦加的大清真寺和"天房图"，现已改为阅览室。殿前两侧建有南北讲堂，还有沐浴室、女眷部、教长办公室、乡老会议室、海里翻学经堂、饭堂等建筑，围合形成清真大寺后两院。大殿正南仿照大殿样式新建副殿一座，规模与大殿大体相当。

呼和浩特清真大寺融洽了中国传统建筑文化与伊斯兰教建筑文化，并受到西洋建筑文化的影响，是特定历史时期下的中国建筑因多种文化交汇形成的一种风格的实物见证和载体。

清真大寺圣殿藻井

另一富有特色的建筑是主院东南角高高耸立的望月楼。每逢"斋月"，穆斯林信徒们便登临楼上望月，故名望月楼。它建于1939年，总高约31米，平面六角形，为六棱体塔楼。塔楼共分五层，下四层砖砌，顶层为木构亭式顶。塔身高耸，层层递减，形如竹节。塔楼的第三层正西

‖54‖ 呼和浩特财神庙

撰稿：迟利
摄影：迟利

内蒙古自治区重点文物保护单位。

中国古代社会很早就有财神崇拜，供奉财神是我国土生土长的、根深蒂固的民间信仰。财神信仰出现于宋代，盛行于明清。民间信仰的财神众多，不同时代、不同地区各有崇尚。在历史上被尊为财神的有比干、赵公明、关羽、柴荣、五显财神、和合仙官、利市仙官、文昌帝君等。

清朝初年，归化城内商贾云集，十分繁华，有买卖字号一百余家。这些买卖人大多数是来自山西的汉人，汉人自古对财神信仰情有独钟，因此，他们把财神信仰带到归化城，各社团、商号募捐资金兴建了财神庙，以求财纳福，镇压百邪，一顺百顺。每当初一、十五，财神庙施斋饭，香客熙熙攘攘，络绎不绝。到了大年三十，人们穿着新衣，在一片鞭炮声中喜迎财神爷。

呼和浩特财神庙位于玉泉区大召前街的东侧，与玉泉井毗邻，建于清代初年。仿山西的财神庙而建，原由大殿、献殿、东西配殿、大殿两侧的东西厢房、山门、戏台组成，2006年修缮时新增加了后罩楼。总占地面积约2410平方米，建筑面积约1186平方米。

山门坐落在高大的台明之上，面阔三间，明间2.62米，两次间各为1.35米，通面阔6.33米，进深5.35米。硬山式建筑，明间前后启门。山门墙身前檐两墀头下肩处施角柱石，为石狮浮雕造型，上承挑檐石。后面设有挑檐石和角柱石，下肩墙为青砖砌成，两山博风用方砖砌成。庙门为彻上露明造，五架梁，前檐布列有十字交麻叶斗拱，后檐无斗拱。从山门进入院内，复建左右厢房各三间，配殿三间，紧邻大殿的东配殿供奉的是元始天尊、玉清天尊和道德天尊，西配殿供奉的是福、禄、寿、喜、财五路财神。大殿与山门之间有献殿，献殿坐落在高大台明之上，面阔三间，无墙体敞开式，如亭子般。

大殿为前卷后殿组合形制，即前置卷棚歇山抱厦、后殿为大木硬山式，为勾连搭前后结构建筑形制。大殿面阔三间

山门

献殿

救国会的总部设在财神庙，名义上吸收道教会会员，实际上秘密发展抗日救国会成员。刘洪雄担任道教会名誉董事，会长王信真和老道士王从顺、王永茂等人也极有民族气节，为救国会做了不少的革命工作。抗日救国会四处活动，秘密串联，在各行各业进步人士中宣传抗日救亡思想，深得民心，迅速发展起来。1939～1940年间，有老师、学生、铁路和工厂工人等二百余人参加了抗日救国会，成为归绥市

10.64米，通进深7.5米。前卷棚抱厦面阔三间，通面阔7.8米，通进深4.7米。抱厦明间与殿身明间的面阔相同，两次间仅为殿身次间的一半。大殿总建面积116.46平方米，总体平面为凸字形。卷棚抱厦三面均为木隔扇装修。抱厦为露明造，顶部梁架施彩绘，为民间彩画形式。大殿为平棊顶，共有天花板96块，上绘团龙牡丹图案。

财神庙大殿东西山墙绘有精美的壁画，壁画的内容描绘的是民间信奉的五路财神，即福、禄、寿、喜、财。画中的神仙服饰为褒衣博带，发髻高耸，神态和蔼可亲，栩栩如生。大殿梁架结构、彩绘，均保存较好。

呼和浩特财神庙也是一处重要的爱国主义教育基地。在1939～1940年期间，这里由蒙疆道教会会长王信真等道士主持。1939年，绥远地区地下党刘洪雄、郝登鸿同志进入归绥开展抗日救亡活动，他们以财神庙为联络点，以蒙疆道教会为掩护进行革命斗争，成立了绥蒙抗日救国会。

乃至绥远省一支重要的抗日力量，不少青年学生奔赴了延安和大青山抗日根据地，为反抗日本帝国主义做出了巨大的贡献。绥蒙抗日救国会引起归绥日伪宪兵队、特务机关的注意，由于叛徒的告密，敌人进行了疯狂的大搜捕，不少革命同志遭到了杀害，从财神庙神像后搜走了革命宣传单，刘洪雄等地下党被捕而英勇就义。轰轰烈烈的抗日救国运动虽然只持续了一年多的时间，但其影响深远，财神庙更是这一段光辉历史的见证。

新中国成立后，财神庙失去了原有的功能，变为居民住宅，建筑年久失修，整体保存较差。2006年开始对大殿、山门进行修缮，并清理保护了大殿东西山墙的壁画。2007年恢复了大殿的原有塑像，同年12月竣工，并全面对外开放。2009年在后罩楼布置了绥蒙抗日救国会陈列展览，展示了绥蒙抗日救国会兴起及斗争的光辉历史。

财神庙旧影

‖55‖ 呼和浩特东岳天齐庙

撰稿：迟利
摄影：肖国华

内蒙古自治区重点文物保护单位。

东岳天齐庙俗称"孤魂庙"，位于玉泉区养鱼池二道巷，建于清光绪年间，是一处道教建筑，占地面积约702平方米。该庙原有正殿、两侧耳房、东西配殿及倒座。现仅存大殿及东西耳房。大殿面阔三间，置前廊，通面阔9.1米，通进深 13.5米，廊进深1.25米。屋顶为前卷棚后硬山式的勾连搭建筑，屋面瓦座、屋脊吻兽等均保存完好。

大殿正面

在清康熙、雍正、乾隆年间，归化城已成为杀虎口外土默川地区的政治、经济和文化中心，商业极为繁荣，大批晋商和手工业者以及三教九流之人蜂拥而至，在本地谋生。一些人死后，要将尸棺运回原籍安葬。归化城当时有人专门成立了"济寿社"，为这些死者办理后事，而没钱的人只好将死者埋于义地或义庄（公墓）。

东岳天齐庙所在的"孤魂滩"在乾隆年间曾经是一个处决犯人的刑场，后来成为一处埋藏外乡人的公墓，人们习惯称这里是"孤魂滩"，并且为孤魂野鬼修了一座孤魂庙。东岳大帝"泰山神"是阴间鬼魂的最高主宰，掌管人间生死。民间认为泰山是人死后灵魂的归宿之地，对东岳大帝的祭祀从汉唐到明清从未间断，历代皇帝也都非常重视祭祀泰山神。唐玄宗封泰山神为天齐王，宋真宗封为仁圣天齐王，元代加封为天齐大生仁圣帝，成为"东岳大帝"，所以祀庙称为东岳庙、天齐庙。过去各地都有东岳庙，大都以道士奉祀香火。传说三月二十八日为东岳大帝生日，到了这一天庙中要举行盛大的庆典。

呼和浩特东岳天齐庙不仅是一处古老的道教建筑，也是一处重要的爱国主义教育基地。1927年在东岳天齐庙前爆发了著名的孤魂滩事件。孤魂滩事件的发生，与山西军阀的黑暗统治有直接关系。1926年，阎锡山的部队占领绥远地区后，派商震率领十几万晋绥军驻守在这里。商震为了维持部队庞大的需用给养和军饷开支，想方设法搜刮民财，他先后推行了三种办法：一是在归绥和周边地区设立土地清理丈量局，查出瞒报的土地，通过换发新的

大殿侧立面

大殿侧立面

地照来增加收入；二是取消民国成立以来在归绥实行了15年的禁烟令，想通过收取鸦片贩运税和吸食鸦片者的烟灯税来增加收入；三是春节前夕，对城乡的市民百姓宰杀牛、羊、猪、鸡等禽畜，一律征收割头税。这三种办法实行以后，遭到归化城市民和近郊农民百姓的强烈反对，不断发生殴打收税官的事情。

当时正是国共两党第一次合作时期，中共绥远地委决定以国民党绥远党部的

名义，组织城乡群众进行一次反军阀、反贪官污吏的游行。1927年3月27日，国共两党党员和归绥工会、农会的负责人开会决定，第二天开始行动。为了避免引起晋绥军和警察局的注意，集合地点选在城外的孤魂滩。会后，三封"鸡毛传贴"连夜送到东南西三个方向的村庄和农户。

第二天早晨，附近农村的蒙汉农民陆续汇集到孤魂滩，城里的市民、工人也先后到齐。有人用两根竹竿挑起一块白布横幅，上面写着六个黑色大字"绥远难民大会"，横幅下有一个土台子，归绥城的老秀才李正乐第一个站上去发表演讲，接着，市民、工人、农民和学生代表轮流上台，控诉山西军阀的种种恶行，揭露贪官们的各种劣迹，高呼口号，群情激愤，喊声震天。人们一致要求进城游行，于是六千多人如潮水一般涌进城里，城里的警察看到游行队伍人多势众，躲在警察局里不敢出来。

中午，游行队伍在旧城北门重新集合后，开始向新城进发，一路上围观群众夹道欢呼，鼓掌助威。队伍到达新城西门时，商震如临大敌，命令关闭城门，派士兵在西门城楼上架起机枪，恐吓示威人群。示威人群不断呼喊口号，叫商震出来回答问题，如果不出来绝不离开。天黑后，为防不测，示威群众逐渐散去。

次日上午，又有四千多人聚集到新城西门外，要求进城请愿。商震害怕人群越聚越多，事态扩大难以收场，于是同意示威群众选出15名各界代表进城商谈。但商震一直不与代表们见面，城外的示威群

众，喊声不断。直到天黑，商震才被迫答应代表们提出的取消清丈局和减免苛捐杂税等六项要求，并派卫兵打着灯笼送代表们出城。

　　孤魂滩事件是中国共产党成立之初领导的少数民族地区规模最大的一次反对封建军阀的革命斗争，并且取得了最终胜利。

‖56‖ 托克托县清河口镇龙王庙蟠龙铁幡杆

撰稿：石磊
摄影：石磊

内蒙古自治区重点文物保护单位。

并列的两根蟠龙铁幡杆一左一右树立于托克托县双河镇河口村头道街北端原龙王庙门前。

河口镇龙王庙建于清咸丰年间，蟠龙铁幡杆筑造于同治元年（1862年）。龙王庙在1972年被拆毁，仅两根铁幡杆得以保留。

每根幡杆分四节铸造，有三个接口，其高度均为三丈六尺五寸，表示一回归年为365天。幡杆底部的夹石为方形，幡杆顶端呈圆球形，寓中国传统文化阴阳学说"天圆地方"的宇宙观。两根幡杆夹石的

铁帽上共铸有"琴棋书画、八骏、暗八仙"等图饰。幡杆下端的最粗部位铸有对联一副："海晏河清威灵著绩，风调雨顺亿兆蒙休"，内容是给龙王爷歌功颂德。对联上端各有六角斗方一个，斗方上各铸唐诗五言绝句一首，每首诗有真、草、隶、篆四种书体。左面为王维的《竹里馆》："独坐幽篁里，弹琴长复啸。深林人不知，明月来相照。"右面为王之涣的《登鹳鹊楼》："白日依山近，黄河入海流。欲穷千里目，更上一层楼。" 前一首诗里的"弹琴复长啸"误写作"弹琴长复啸"，后一首诗里的"白日依山尽"误

龙王庙全景

正面局部

背面局部

写作"白日依山近"。

每根幡杆的中间部位都铸巨龙一条，张牙舞爪，腾云驾雾，活灵活现，栩栩如生。巨龙前爪抓一只大蜘蛛，蜘蛛象征邪恶，被巨龙降服，说明龙王不但能治理水患，而且还有斩妖除邪的法力。巨龙上方各铸玲珑斗一个，玲珑斗每面铸镂空雕龙两条，四面共有八条，加上巨龙，每根幡杆共铸九条龙。"九"为最大数，暗含三三见九、九九归一之机数。幡杆顶端各挂四个风铃，每当轻风吹过，便响起悦耳的铃声。

两根幡杆分别铸有铭文。左面幡杆铸："经理:德懋张励行，双和店贾子莹，庆合店薛清，晋益恒吴助周。山西太原府太谷县金火炉朝阳聚盛隆造，金火匠人路安府襄邑南漳村王聚文、傅美、（傅）信，吉日成造。"右面幡杆铸："主持僧心富率徒侄圆明、弟（圆）昭，徒孙广灵。大清同治元年，岁次壬戌，律应仲吕谷旦，阖镇叩敬。"

龙王庙所在的河口镇是清代托克托厅最大的集镇，因位于大黑河流入黄河河口处，而得名为河口镇。此地蒙古名为湖滩河朔，在清初即为有名的水陆码头，由河套运来的粮食、盐碱、甘草等货物，均囤积于此，转销各地。镇内以禹王庙为中心，分头道街、二道街、三道街和后街四条大街，以三道街商户为最多。道光年间黄河洪水泛滥，河口镇的船只装卸码头被冲坏，从而黄河码头逐渐西移。至清末民初时，河口镇的水运行业趋于衰微，商业也失去往日的繁荣。

龙王在传说中司雨水，旧时供奉龙王之俗非常普遍。每逢风雨失调，久旱不雨，或久雨不止时，人们都要到龙王庙烧香祈愿，以求龙王治水，风调雨顺，国泰民安。清代河口镇龙王庙的修建，目的在于祈求龙王治理黄河水患，保佑河口乡民、水运船只平安。铁幡杆除具有上述的各种寓意外，两根幡杆间平常悬挂彩绸、灯笼等，起到为黄河船只导航的作用。

因常年风雨侵蚀和人为破坏，幡杆有一定程度的损坏。曾被大风刮倒，后焊接修复。20世纪90年代，托克托县文物管理所为了保护铁幡杆，在周围修建了仿古围墙。

‖57‖ 玉泉区清归化城大盛魁商号总号旧址

撰稿：迟利
摄影：迟利

内蒙古自治区重点文物保护单位。

位于玉泉区德胜街18号，建于清代咸丰年间。是大盛魁商号设在归化城的总号所在地，办公场所为一处四合院，主要建筑坐西朝东，面临德胜街。院落西侧的一座两层小楼，面阔9.7米，进深4.5米。小楼两侧有耳房，外跨楼梯，现楼梯已损毁。右侧（南）耳房原状无存，现已改造，面阔9.7米，进深4.5米；左侧（北）耳房面阔三间，通面阔9.7米，进深4.5米。院落南北各有厢房七间，面阔26米，进深6.1米。七间东厢房（倒座）通面阔23米，通进深5.5米，南起第三间开启大门，朝向为东。屋顶均为单坡顶，院落建筑的窗户均已改动。院落整体布局保存完好，总占地面积约963平方米，建筑面积

二层楼阁建筑

大盛魁掌柜

利之多、历史之久，在我国北方民族贸易史上是罕见的。它在外蒙古乌里雅苏台、科布多、库伦、恰克图等地设置分庄或小号，形成了体系庞大的商业网，是外蒙地区市场上一家垄断性的大商号。

大盛魁在北京、汉口等城市也设有分庄或小号，以归化城为基地，全国各地的物资经此集散，并且在此缴税，领取票照，以驼运的方式向外蒙及新疆等地区销售，又从外蒙、新疆等地贩回大量牲畜、皮毛及其他产品，经归化城再转运全国各地，归化城成为清代内地与外蒙、新疆等地区进行贸易的中心集散地和交通枢

约564.2平方米。

大盛魁是内蒙古著名的旅蒙商号之一。清康熙年间，清政府在平定准噶尔部噶尔丹的叛乱中，由于军队深入漠北，"其地不毛，间或无水，至瀚海等砂碛地方，运粮尤苦"，遂准商人随军贸易。在随军贸易的商人中，有三个肩挑小贩，即山西太谷县的王相卿和祁县的史大学、张杰，他们三人虽然资本少，业务不大，但买卖公道，服务周到，生意十分兴隆。清兵击溃噶尔丹军后，主力部队移驻大青山，部队供应由杀虎口往过运送，他们三人便在杀虎口开了个商号，称"吉盛堂"，康熙末年改名为"大盛魁"。初期大盛魁随清军之需，总号设在外蒙古的乌里雅苏台，咸丰年间迁到归化城，即今大盛魁旧址。该商号以放"印票"为主，以驼运业为运输手段，经营日用百货、畜牧、皮毛、药材等贸易，长期活动于大漠南北，还与法、德、英等国商人有业务来往，其经营范围之广、贸易额之大、获

纽，鼎盛时，大盛魁的近百家分庄和上万名员工遍布28省，年经营银两最多时达到一千万两白银。他们把福建的茶叶、江西的瓷器、浙江的丝绸、山东的大米、湖南和湖北的物产，通过车队、马队、船队源源不断运送到归化城，然后再通过十万峰骆驼，将货物西运新疆乌鲁木齐，北到蒙古乌兰巴托，直达俄罗斯的莫斯科。

清末，由于沙俄在蒙古、新疆和东北地区的侵略活动不断扩大，使大盛魁的营业受到影响，逐渐萧条。后来，俄国革命成功，外蒙古独立，大盛魁又丧失了在这两个地方的商业资本和商业市场。加之大盛魁商号后期用人不当，一些掌柜挥霍浪费惊人，侵吞号款事件屡有发生，1929年，雄踞塞北二百余年的大盛魁商号终于宣告倒闭。

归化城从原来单一的一个政治、军事中心，发展成为长城以外最为繁华的、经济活动最为活跃的城市，成为重要的物流中心，大盛魁见证了北方重镇归化城对外贸易的历史。大盛魁旧址是我们研究旅蒙商文化以及呼和浩特经济贸易发展史的宝贵实物资料。

总店

‖58‖ 玉泉区清归化城元盛德商号掌柜旧居

撰稿：迟利
摄影：迟利

内蒙古自治区重点文物保护单位。

位于玉泉区小召后街35号，与大盛魁相毗邻，始建于清雍正年间，创始年代略早于大盛魁，是归化城著名的旅蒙商三大商号之一。

元盛德商号掌柜旧居建筑是典型的中国传统四合院布局，坐北朝南，正房面阔五间，东西厢房各三间，倒座五间，倒坐东稍间开启院门。屋面为硬山式做法，墙体为土坯外包青砖砌筑。院落大门门楣雕工细腻，因风化有些漶漫不清。从东厢房的座山影壁旁进入东跨院，跨院门楣上有着"务本"两个砖雕的大字，告诫元盛德职工各就其位，做好自己的本职工作。跨

全景

院门前面有一口古井，用卵石砌筑，每逢雨季水位上升，可见清澈的井水。总占地面积约五百多平方米。

院落整体布局保存较好，屋顶花脊在"文革"时遭到破坏，原有窗户部分残存，在原有窗户上做了一层外窗，以御寒冷。倒座窗户为券形。院落中央有一棵二百多年的菩提树（暴马丁香树），直径约50厘米，枝干如伞盖，到了六月份米黄色的鲜花盛开，香气袭人。

元盛德创始人为陕西祁县人段泰。段泰原本是个拉骆驼的，从归化城驮运货

大门

院落

院落

东跨院院门

院落

东跨院

物，到外蒙科布多一带销售。清朝初年，因为一家商号欠他的一笔运费，给他入股，后来又欠他的货款，就把整个商号兑给他，改名为"元盛德"。康熙远征噶尔丹时，充当随营贸易商号。元盛德的总号设在归化城，在科布多、扎哈拉、乌兰海、讨浩子等地均有支号。到了光绪三十四年（1908年），元盛德有羊约七十万只，在北京设有元盛德、元盛泰和元盛长三家京羊庄。每年销售马2000～6000多匹，年贸易额达800万两白银。民国元年，元盛德伙计在外蒙打死83人，北洋军阀政府指令绥远商会，勒令元盛德为每位死者家属付抚恤金100银元。这次事故引发了一系列事件，加上其他原因，元盛德开始走下坡路，三家京羊庄缩小为两家。民国十七年（1928年）撤离了科布多，1932年歇业。

该建筑本是元盛德掌柜的住所，因经济拮据，把此院落兑给拉骆驼的吴姓人士，吴姓弟兄四人一直居住在这里，直到2007年才转让。现准备建成元盛德博物馆。元盛德商号极负盛名，前后经历了二百多年的历史，在呼和浩特市商贸经济发展中起到了不容忽视的积极推动作用。元盛德掌柜旧居也是呼和浩特市地区保存完整的一处古民居，是研究清代民居的宝贵实物资料。

‖59‖ 回民区坝口子戏台

撰稿：迟利
摄影：齐纬

呼和浩特市重点文物保护单位。

位于回民区攸攸板镇坝口子村北，在通往武川县公路的西侧，始建于清代。

古戏台坐南朝北，面阔三间8.6米，通进深7.4米，由二重建筑构成，前重建筑为卷棚顶，后重建筑为硬山顶，呈勾连搭建筑形制。屋面覆青瓦，施脊兽，现损坏较严重。戏台两侧有八字影壁，起到聚音的作用，东侧影壁墙已被拆除。前重建筑的博风板为木制，雕刻成龙形，龙头向上高昂，龙须飘然，雕刻精美，真可谓活灵活现；后重建筑的博风板为砖雕的龙

戏台壁画

戏台壁画

头装饰。戏台东、西墙各绘制一幅天女散花的壁画，绘制风格是典型的中原绘画风格。一位天女发髻高高挽起，下身着淡绿色长裙，上身穿粉色小花宽袖衫，轻盈的披帛呈"之"字状从头顶绕过垂在身体两侧，双手举起花篮把花瓣散向人间；另一位天女也是脚踏云朵，着乳黄色长裙，上身穿兰花宽袖衫，同式样披帛绕过头顶垂于身体两侧，花篮扛在左肩。从天女的面容、画像的比例等方面分析，应为民间画匠所为。戏台后墙明间现代人开启了一扇窗，次间后墙上方开启两孔，起到通风、排气、照明的作用。

后台保存有两块石碑，为乾隆年间建龙王庙时所刻的功德碑。碑中记载在戏台的东侧有一座龙王庙，这座戏台就是专门为了祭祀龙王而建造的。呼和浩特有许多的龙王庙，传说龙王爷对尘世生活颇有兴趣，特别爱看戏，每年的六月初八给龙王爷唱大戏，所以有龙王庙的地方绝大多数在其对面建一座坐南朝北的戏台。古戏台周边还有几株枝繁叶茂的古榆树，与古老的戏台一起将人们带回久远的过去。

前台侧面

西侧面

后墙

‖60‖ 新城区古楼板戏台

撰稿：迟利
摄影：肖国华

位于新城区巴彦镇古路板村西，建于清代。

戏台坐落在低矮石砌台明之上，坐南朝北，砖木结构，敞开式，面阔三间7.7米，明间3.5米，两次间2.1米，通进深9.6米。建筑为卷棚顶，屋面瓦座及椽

戏台正面

飞损毁严重，梁架歪闪，后墙明间部分坍塌，两次间后墙上部位置各有一圆孔，起到通风、排气、采光的作用。油漆彩绘完全脱落。东西山墙各绘有四幅屏风字画，屏风上有墨书的诗词。前台和后台使用木隔扇隔开，右方为上场门，左方为下场门。木隔扇安置木板，底部使用石制凹槽。

戏台北侧紧邻一处庙址，现仅存石头基础。从地基可看出庙址基本呈正方形，坐北向南，有大殿，大殿东面有耳房，东西两侧有配殿，南为山门，山门东侧有一钟楼。庙址地上散落着大量青砖、兽吻等建筑构件。庙址原有两块功德碑，汉白玉质地，后被盗。据碑文内容，可知该庙原为龙王庙，修筑于清雍正年间，之后在其南面修建了戏台。

过去，每到农历二月初二，就有村民来庙中焚香祈福，在庙前舞龙、唱戏，进行一些民间的社火活动。六月初八又要给龙王唱大戏，祈求保佑一年风调雨顺，五谷丰登，有一个好年景。唱戏的时候，远近几十里的村民都来这里凑热闹，锣鼓喧天，小商小贩叫卖声不断，给人们平淡的生活增添了无穷的乐趣。戏台虽经历了百年风雨，已逝去了往日的风华，但它像一部史书记载了老百姓的喜怒哀乐，留给我们无限的遐想。

戏台远景

戏台侧面

戏台内部

‖61‖ 清水河县黑矾沟瓷窑址群

撰稿：刘建国
摄影：刘建国

清水河县重点文物保护单位。

位于清水河县窑沟乡黑矾峁村前的黑矾沟沟谷内。黑矾沟蜿蜒曲折，坡陡沟深，全长约2.5公里。

黑矾沟历史上就有烧造业活动，《清水河县志》记载此处宋元时期就生产日用白瓷。20世纪80年代，内蒙古博物馆文浩先生对黑矾沟瓷窑址做过考察，认为黑矾沟的制瓷历史约近千年，接近河北的磁州窑系。1993年在黑矾峁村北发现一座金代

瓷窑与民居

并列瓷窑

墓葬，墓内出土一方石刻墓志，上书"大定十年七月初四合葬父母，孝男杜林、杜明"，由此证明黑矾沟制瓷业生产历史至少在800年以上，也与当地一直传说的黑矾沟瓷窑为杜家首创相吻合。

到清乾隆年间，黑矾沟的制瓷业已形成相当规模，从今天所遗留下来的房屋、窑址的分布和数量等情况，可证明当时的盛况。制瓷匠大多来自山西保德、临县一带，为康、周、薛、张四姓家族。产品主要为碗、盆、盅等，通过托克托厅河口镇的黄河水运码头销往包头、河套一带，通过旱路销往归化城及其周边地区。当时年产瓷碗达280万只。民国时期受军阀混战影响，瓷业生产逐年萧条。日伪时期，黑矾沟产业工人大量逃亡，窑口仅剩三四座。抗战结束后彻底关闭，20世纪50年代重新恢复，至90年代企业改制后，黑矾沟瓷业停顿。

黑矾沟瓷窑以生产瓷碗为主，手工制作与江西景德镇瓷器的制法基本一致，其制瓷工艺于2011年申报为内蒙古自治区非物质文化遗产。其生产流程，大致可分为以下五步：第一步，挑选优质的胶泥（高岭土）；第二步，将选好的泥土放入加水的石槽内，用牛拉动石轮磨土，成泥浆后流入沉淀池沉淀，泥浆约半年干燥后成原料；第三步，和泥，工人在绞轮上分工作业制作泥胚，干后上白色底釉，再干后又上亮釉；第四步，装窑，把上好釉色的瓷器一个个码在轮套（匣钵）内放入瓷窑；第五步，烧窑点火，温度可达1300度，约10天后冷却出窑。

目前黑矾沟保留下来的清代以来的瓷窑，均分布于黑矾沟窄长的沟谷内，依坡而筑窑，坐北朝南。瓷窑形制可分为圆形圆顶（俗称馒头窑）和方形窑两类，高低粗细不等，最高者达12～13米，低者4～5

瓷窑址群局部

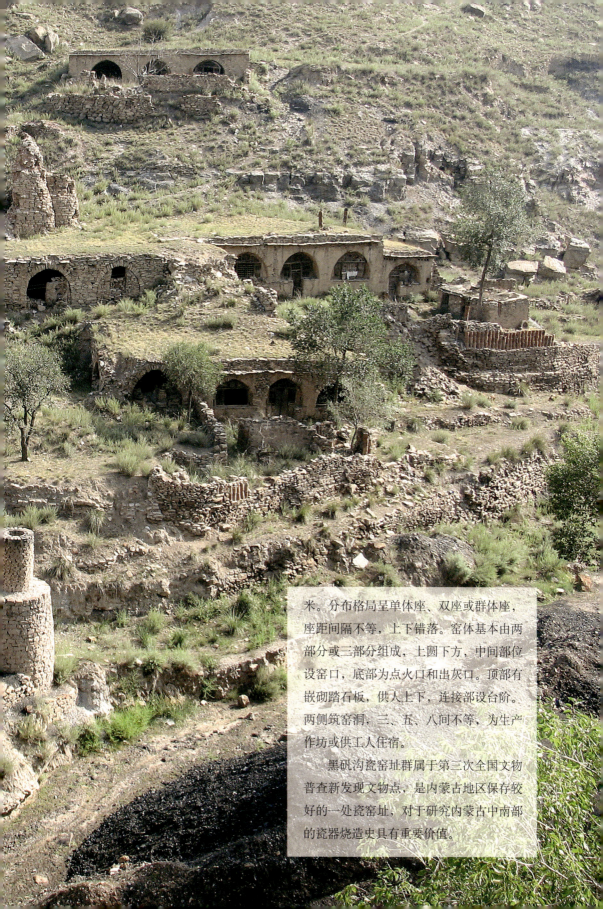

米。分布格局呈单体座、双座或群体座，座距间隔不等，上下错落。窑体基本由两部分或三部分组成，上圆下方，中间部位设窑口，底部为点火口和出灰口。顶部有嵌砌踏石板，供人上下，连接部设台阶。两侧筑窑洞，三、五、八间不等，为生产作坊或供工人住宿。

黑砚沟瓷窑址群属于第三次全国文物普查新发现文物点，是内蒙古地区保存较好的一处瓷窑址，对于研究内蒙古中南部的瓷器烧造史具有重要价值。

第三次全国文物普查的成果显示，呼和浩特市境内共有近现代不可移动文物点110处。

近代以来，呼和浩特地区逐渐形成了以归化城为中心、以周边城镇为外围的商业圈。在交通运输方面，归化城既是重要的驿站之一，又是西部最重要的驿站中继站，通往北、西北的驿站通常从这里开始。属于归化城厅管辖的可可以力更也因为位置适中，成为连接大青山南北的交通要冲。托克托厅境内的河口镇为有名的黄河码头，取道于此，远至阿拉善产的食盐通过黄河水运到归化城和晋北州县。归化城成为山西商人的汇聚之地，有着"买卖城"之称，"走西口"移民潮中的"西口"也由杀虎口转移至归化城。到了清末，绥远城将军衙署成为呼和浩特地区凌驾一切机构的最高军政机关，绥远城也与归化城逐渐合为一体。

近现代的呼和浩特市，各民族交错杂居，呈现出一幅多元文化交汇辐辏的景象。有明代以来从游牧转向定居的土默特蒙古人，崇信藏传佛教，寺庙林立；有随着清王朝的征服和绥远城的建立而来的满族人，主要居住于绥远城内，该城也得"满城"之名；有因各种原因陆续定居呼和浩特地区的回族人，他们信仰伊斯兰教，从事饮食服务、驼运、粮油食品加工、畜产品加工及其他行业；有"走西口"而来的山西汉族人，从最初的雁行人逐步变为定居者，从事各种手工业、商业和饮食服务业；还有西方来的传教士，将基督教传播到了呼和浩特地区。各类宗教建筑并存，是呼和浩特市近现代文物的一大特点。当然，如白塔火车站旧址、内蒙古博物馆旧址等一系列20世纪遗产和大青山抗日游击根据地等革命旧址，同样为呼和浩特市近现代文化遗产之中的闪光点。

‖62‖ 玉泉区惠丰轩旧址

撰稿：迟利
摄影：肖国华

内蒙古自治区重点文物保护单位。

位于玉泉区小召前街158号，东侧是小召牌楼，西侧是兴盛园住宅小区，北侧是小召小学，地处城市的繁华地带，人口密集，周围商业繁荣，交通便利。

惠丰轩的饭庄名称最早来源于清康熙年间的"义忠轩"，乾隆年间改名为"惠丰轩"，成为清代至民国年间归化城著名的饮食老字号。现存的惠丰轩旧址，建于民国九年（1920年）。

外景

一楼陈列

二楼陈列

旧址现存前后两座二层楼阁式砖木结构建筑，坐西朝东，均面阔三间，总占地面积近350平方米。临街的楼阁建筑右侧带一间耳房，因地处拐角处，依地势而建，左侧呈斜角状。临街建筑的屋面为卷棚顶，后面建筑的屋面为硬山顶。

民国年间的惠丰轩规模很大，现在保留的只是其中一部分。听老人讲，当时从圪料街向南拐的马路西侧建筑，基本都是惠丰轩的地方。当时有一南院，院内建有西楼、北楼，楼上是雅间，楼下

大厅是散座。

清代到民国年间，归化城的饭馆分为上、中、下三等。上等馆子包办酒席，有自己的名贵菜肴，又称"细馆子"，主要有旺春元、锦福居和荣生元三家。中等馆子也设酒席，但不多，以卖家常便饭为主，被称作"二细馆子"，其中名气最大的要数惠丰轩、双和元两家。下等馆子就是普通饭馆，不卖高档菜肴，也没有特长食品，除一般的牛羊肉菜和饼、面外，主要卖荞面饸饹；由于吃这种饭方便利索，人多时没有座位，蹲下吃也可以，人们形象地称这种饭馆为"圪蹴馆子"。

属于"二细馆子"的惠丰轩在民国九年盖起新楼后，有四个客堂，从业人员达七十多名，同时可供三百多名顾客就餐。惠丰轩对员工的要求很严格，有五不准：不准乱说乱道、不准懒惰偷吃、不准歪戴帽子、不准不系衣扣、不准顶撞顾客。还要求员工对顾客要做到挨骂不还口，挨打不动手，不能得罪穿皮袄的顾客(有钱人)，违者一律解雇。对于普通顾客，也要周到服务，即使只来吃一碗素面，也要为其配制四碟小菜。

惠丰轩的饭菜色美味香，吃过的老人们至今仍赞不绝口，数得出来的美食有头脑、过油肉、黄焖鸡、炒杂碎、炖吊子、烤方子、烤奶猪、烤鸭子和鸳鸯火烧等，其中头脑是归化城一绝。头脑据传是由明末清初文人傅山为其母亲研制的药膳食品，由黄芪、煨面、莲菜、羊肉、长山药、黄酒、酒糟、羊尾油等熬制而成，外加腌韭菜做引子，经常食用，有益气调元、活血健胃、滋补虚损的功效。清代，头脑从太原传入归化城，主要在每年的冬

至至立春期间食用。吃头脑一定要在早晨，越早越好，故有"赶头脑"之说。从前的饭馆都是在清晨挂上灯笼卖头脑，这对就餐者来说，还有早起锻炼之效。惠丰轩的过油肉和鸳鸯火烧也不错，盛在盘子里的过油肉呈杏干儿色，吃到嘴里鲜嫩味美。鸳鸯火烧是用手揉制的馅饼，每斤有甜馅、肉馅各五张，所以叫鸳鸯火烧。鉴于伏天肉食易馊，惠丰轩于每年数伏时停业一个月。

惠丰轩在归化城虽然不是一流的馆子，但是在抗战后的1947年，时任国民政府绥远省主席的董其武将军曾在惠丰轩摆过一次大型宴会，接待军政要员。已故著名晋剧艺术家康翠玲的婚礼也是在惠丰轩举办的。可见惠丰轩自有其立足之本，名不虚传。

惠丰轩饭馆于1949年7月因通货膨胀、债台高筑而倒闭。新中国成立后，成立了由原饭店服务员和厨师等组成的生产自救小组，于1951年农历腊月十二日重新开业，取名"公益轩"，从业人员有18名。1956年隶属于呼和浩特市饮食总店。1976年公益轩停业，上级主管部门将这里的职工调往青城餐厅等饭店。目前，惠丰轩旧址已由呼和浩特市文物事业管理处改建为惠丰轩饮食博物馆。

正立面旧影

║63║ 新城区白塔火车站旧址

撰稿：迟利
摄影：赵志刚

呼和浩特市重点文物保护单位。

位于新城区巴彦镇黑土凹村东，建于1921年，1938年侵华日军占领归绥后进行了扩建，是民国时期京绥铁路沿线保留下来的少有的火车站建筑之一。

现存站房坐北朝南，通面阔21米，通进深13.6米，通高6.1米，由站房、信号房、碉堡及其他办公用房组成，总占地面积约3400平方米。站房、信号房、碉堡均为砖混结构，属于日伪时期建筑。

京绥铁路是现在京包铁路的前身，民国时期由京张铁路扩展而来，全长813.82公里，设站65处。1905年，清朝廷决定修建北京至张家口的铁路，这是由中国人自主修建的第一条铁路，总工程师是詹天佑。1907年在京张铁路修建的过程中，库伦办事大臣延祉上奏朝廷，请求修建张家口至库伦的铁路。但是朝廷考虑到沿途人烟稀少，城镇寥寥，距离较远，因此决定先修筑张绥铁路，然后再从绥远修至库伦。京张铁路开工不久，张绥铁路也开始修建。1911年，当铁路修到山西阳高时，辛亥革命爆发，由于资金不足被迫停工。1912年冬重新开工，1914年4月修至山西大同。从大同修到丰镇后，第一次世界大

战爆发，铁路造价上涨，资金不到位，又停工四年。大同至丰镇这一段修筑了一年多，全程81公里，这是进入内蒙古境内的第一段铁路。1919年9月，从丰镇开始向绥远修筑。

1921年9月20日，中华民国交通总长张志潭、次长徐世章到绥远车站为京绥铁路通车举行了盛大的庆祝活动，同时也为展筑绥包铁路开工仪式剪彩。

归绥站第一任站长叫佘炳仁，人称佘四爷，他是当时京绥铁路局局长佘序的弟弟。随着国内政治局面逐步稳定，铁路的管理制度日益完善，废除了一些带有封建色彩的组织形式，并建立编制。车站由站长、副站长领导，当时铁路员工的工资待遇相差悬殊。1922年，京绥路各车站月工资差别如下：段长210元，站长80～200元，一等科员150元，二等科员100元，三

白塔火车站房旧址

站房现状

等科员80元，客、货职员35～45元，调车工、钩工、司轫工12元，装卸工8元。人事权完全掌握在站长手里，站长以下员工为了饭碗，春节、端午节、中秋节和站长及其老太爷过寿时都得前去送礼。车站的收入和开支都由路局执行，如果路局不给，工人们有苦无处诉说。1921年全路车务工人大罢工，就是因为八个月没有给工人开工资。

大同至包头有29个车站，依次为大同、孤山、堡子湾、丰镇、新安庄、红砂坝、官村、苏集、平地泉、三岔口、八苏木、十八台、马盖图、卓资山、福生庄、三道营、旗下营、陶卜齐、白塔、绥远、台阁牧、毕克齐、察素齐、陶思浩、麦达召、萨拉齐、公积坂、磴口、包头。

在修筑丰镇到绥远的这段铁路时，还

站房旁的碉堡

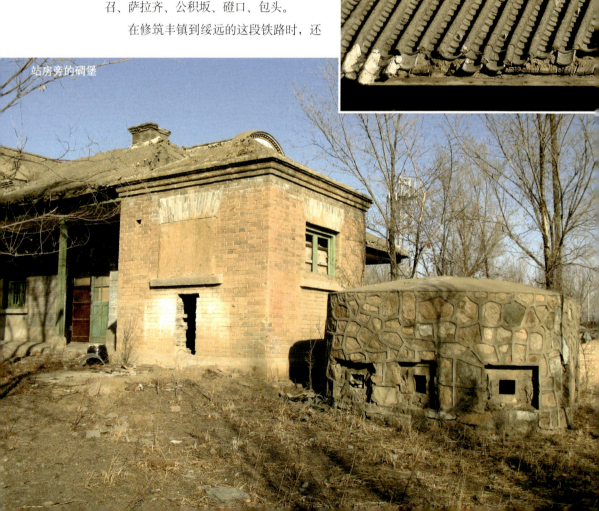

有这样一个故事：当铁路修到归绥东郊区（今南店车站附近）时，需要经过一处财主的祖坟，财主以风水宝地为由拒不让地，因其有钱有势，铁路只得改道绕过，该处直到新中国成立后才改直。因此，白塔火车站也随着铁路改道而放弃。

京绥铁路是一条在军事、政治、经济上都有着重要作用的交通要道，从清朝廷到民国政府，都非常重视修建的进展程度。京绥铁路在资金方面，尤其是到进入内蒙古地区，基本全靠铁路自身的盈利，以路养路，这种形式在建路初期尤其是适逢乱世是非常艰难的。铁路建成后，甘肃、青海与内蒙古地区的皮毛、牲畜、药材及新疆的棉花、葡萄，均由绥远站运输至京津沪汉；而由京津沪汉运来的砖茶、绸缎、布匹、煤油、火柴、海菜、食糖等也由绥远站分运，从归绥西经大草地达新疆，经河套达甘肃，西北达乌里雅苏台，北达库伦、恰克图。京绥铁路对于当时安抚偏远、巩固边防有着非常重要的意义。直到今日，这条铁路仍是我国西北地区重要的交通干线，在经济发展中发挥着重要的作用。

白塔火车站旧址是这条铁路沿线保存较为完好的一座老车站，对于研究呼和浩特交通发展史有着重要的意义。现由呼和浩特市铁路局管理使用。

‖64‖ 呼和浩特牛东沿天主教堂

撰稿：袁永春
摄影：袁永春　孙韬

全国重点文物保护单位。

位于回民区通道南街27号，始建于1922年，1924年正式投入使用，因位于归绥市旧城牛桥东河沿九号，因而简称为牛东沿天主教堂。

该教堂是庚子赔款以后，天主教在呼和浩特地区建立的规模最大的天主教堂建筑群，由比利时籍建筑师设计，天津工匠建造完成。教堂现存主体建筑，包括圣堂、主教楼（东楼）等，均为当时所建。

圣堂北立面

主教楼

圣堂

　　19世纪60年代以后，天主教在内蒙古地区迅速发展，罗马教廷将蒙古教区划归比利时圣母圣心会管辖。1873年，天主教在归化城常平仓北建小堂一座，供传教士们来官府办事时居住使用。1883年，罗马教廷分蒙古教区为三，归化城属西南蒙古教区。1900年义和团运动时，小堂被焚毁。1922年，罗马教廷再划西南蒙古教区为宁夏、绥远二教区，绥远教区于原小堂大门的东北侧牛东沿九号大兴土木修建天主教堂，其地东界水磨街水渠，西傍札达盖河，占地面积非常可观。1924年，主教座堂迁至此地。牛东沿绥远教区主教堂的建立，标志着圣母圣心会传教士在内蒙古传教战略的重大转移——传教的重点由农村转向城市。到抗战爆发前，归绥市一带的天主教已具有相当规模，形成了包括医院、孤儿院、修道院等在内的一套完整体

系。"文革"期间，该教堂圣堂一度被用作存放贵重物品的仓库，其作为教堂的功能于1980年以后再度恢复。

　　牛东沿天主教堂的兴修造价为5万现洋，用了特制的20万块青砖，在保持了西方早期哥特式建筑风格的同时，墙面砌

筑工艺糅合了中国传统工匠的建筑技法。以圣堂为主要建筑，坐东面西，平面呈长方形，建筑面积约600平方米。外形高而短，正立面窄于侧面，立面顶呈山字形，屋顶高耸，计高25米，面宽近20米。正立面中间部位凹进，两侧突出，两侧及中间各辟一座券门，以中间门为主要入口。其上逐层置以券式玻璃窗和假券窗，窗户以高而窄为其主要比例特征。墙体采取严格的中轴对称形式，有砖砌叠涩和券式抹灰线角，具有一定的装饰效果。

圣堂南、北两侧面，除北立面钟楼以东部分与南立面不对称以外，其余部分则完全对称。两侧对称部分依墙垛把立面竖向分为完全相同的几组，每组内置以与正立面特征完全相同的券式玻璃窗，同样以砖砌叠涩和券式抹灰线角作为装饰。南、北立面不对称部分形似我国传统建筑的山墙面，也以券窗、叠涩和线角为主要内容。北立面钟楼以东墙面上辟侧门，是圣堂的次要入口。

钟楼是圣堂的重要特征之一，呈下大上小的塔状，自下而上分别以圆形和多边形为体块，分为四层，每层饰以券式线

圣堂正立面

角、砖砌叠涩及线角，雕塑感较强。钟楼下部四层加之上部栏杆、遮篷、塔尖及十字，通高30米，是圣堂建筑的最高点，也是整个教堂建筑群的制高点。钟楼旁有空室一间，1938年已故葛崇德主教由三合村迁葬于此。

圣堂东立面中部突出半圆形，为圣坛所在位置。它依下而上略有收分，被墙垛纵向分为均等的几份弧面，其间辟窗并装饰叠涩、线角，其上覆以半穹顶，两侧完全对称。

圣堂屋顶为丁字形的木构架，铁皮屋面坡度陡峭，四周设置花饰矮墙排水。

圣堂室内空阔，净高20米，宽敞明亮，十根柱子分列两侧，整体显得庄严肃穆。室内采用三角桁架结构，屋架下弦钢筋外露，屋顶呈梯形，与欧洲哥特式教堂建筑室内的尖拱顶结构完全不同，这也是其空间处理的主要特点。纵向柱间作拱券联络，柱与外侧墙体空间分作上、下两层拱券。基于室内空间跨度较大，结构作局部调整，又在墙外加砌砖垛，垛下大上收，承起戗柱作用，并用其戗力来抗衡屋顶结构传递的负荷，这样既不影响建筑的造型，又加强了整体结构的稳定性。

圣堂内圣坛两侧分置厢室，均为上、下两层。圣坛北侧所供圣像、圣器绚丽多彩，室内音响回旋，给人以神秘的宗教气息。由螺旋式木板楼梯可通钟楼及房顶，钟楼内原有大、小钟各一口，来自欧洲，均以青铜合金铸造，钟声清越，旧时可传十余里之外。

圣堂西侧原建的院落大门，保持哥特式建筑风格，高大而耸立。

主教楼建筑位于圣堂东北，建造时间

圣堂钟楼

稍晚于圣堂，建筑风格从立面的券窗设计到细部的装饰，都是西方浪漫主义思潮复古主义的表现。楼房为二层砖木混合结构，东西长50米，中间置走廊，两边布房。房间内铺设木质地板，有供暖设施。楼下由西往东为主教寝室、办公室、接待室、客室、大小餐厅各一；楼上由西向东为主教小堂、神父客室、图书室、库房等。1934年于主教楼西又接建一栋楼房，结构式样与东楼大体相同，号称西楼。楼下由西而东是会计室、库房、本堂室、会长室；楼上为九间客房和一大间西房。以

圣堂圣坛

后又在圣堂以东建孤儿院平房十余间,连同工友事务用房、教室、伙房等,共计建平房三十余间,基本采用中国传统住宅样式。

西方传教士于呼和浩特地区建立的天主教堂,从最早的小堂,到后来的三合村天主教堂、牛东沿天主教堂、新城东街天主教堂,其建筑风格的主体属于西方建筑体系,但均不同程度地接纳了中国传统建筑的一些文化因素。如三合村天主教堂正面采用中国传统建筑方式,为五开间,但屋顶和立面的都是哥特式复兴的处理方式。这些天主教堂的兴筑,标志着西方建筑逐步登上了呼和浩特近代建筑的历史舞台,为呼和浩特的宗教建筑文化增添了新的内容和形式。对呼和浩特近代建筑、社会文化和城市建设等各方面都带来了重要的影响,并且导致了建筑文化的重大变革。无论这种变革是积极主动的还是被动发生的,都对呼和浩特近代建筑的发展起到了促进作用,这种影响一直贯穿整个20世纪前半叶,甚至对呼和浩特当今城市及建筑风貌的形成也一直有着深刻的影响。

‖65‖ 武川县蜈蚣坝"化险为夷"石刻

撰稿：张文平　武明光
摄影：马登云　武明光

内蒙古自治区重点文物保护单位。

位于武川县大青山乡马家店村东500米处，南侧为呼武（呼和浩特－武川）公路。

石刻刻于一块石崖之上，将天然大理石磨光凿刻而成。刻面为长方形，长约2.65米，宽约1.45米，底边距地面约2.5米。石刻书写形式为竖写双线阴刻，上款为"中华民国十五年五月谷旦勒、修筑蜈蚣坝道路工成纪念"，下款为"绥远全区警务处处长吉鸿昌题"，中间为"化险为夷"四个大字。

石刻所在的大青山蜈蚣坝，自古以来是山前土默特平原通往山后草原的交通要道。关于蜈蚣坝的史料记载，最早见于《水经注》和《魏书》，称作白道山、白道岭，有白道联通山前、山后。此后直至隋唐时期，这条道路一直以"白道"为名。蒙元时期，这里是从元上都通往哈剌和林的木怜道（马道）的必经之地，当时大青山名为天山，蜈蚣坝一带称作甸城山谷，其中有驿站叫宽迭怜不剌站。传世的《甸城道路碑》，即是记述元代延祐年间修筑甸城山谷道路的情形。

在战争时期，蜈蚣坝地区也是防御的重点所在。郦道元在《水经注》之中描写到了白道岭之下"山椒之上，有垣若颓基焉"的战国赵北长城，而在山中，则还有郦道元没有看到的汉长城。这段长城位于红山口沟谷两侧的山坡上，是西汉时期修筑的一段当路塞，防御匈奴人由此南下。墙体长4239米，均为石砌墙体，沿线分布有烽燧14座、障城1座。

障城名为坝顶障城，位于大青山乡坝顶村西南0.8公里处，坐落在地形较高的小山坡顶部，北距长城墙体80米。障城形

石刻

战国赵北长城墙体

汉代当路塞沿线烽燧

制较为特殊，平面呈圆形，内径20米，外径35米；墙体夯筑而成，残高最高达5米左右，东南方向开门。障墙外侧还有两级圆形台地，外侧均有土筑矮墙包围，残高最高不足0.4米。障墙上散布少量灰色绳纹残砖、素面残板瓦等遗物。

相传，清代在蜈蚣坝下建有一座关帝庙，庙旁树立的石碑中，有描述当时修路情形者。到民国年间，这条道路仍是归绥市城通往山后的唯一交通要道，但极为难走，路面狭窄，坡度大，转弯多，又崎岖不平。尤其是冬季降雪后，山高路滑，汽车、马车过蜈蚣坝，常常滚下山去，客旅行商的生命财产遭受的损失很大，他们将蜈蚣坝视为畏途。

当时作为绥远全区警务处处长的吉鸿昌将军，于1926年春，亲自主持修建了这条道路。他亲率所辖骑兵团、补充第四旅一个团和绥远都统署手枪营开赴坝口子、乌素图扎营，与官兵们同吃同住同劳动，在很短的时间内便修好者这条道路。为了纪念这次修路工程，他亲书"化险为夷"四个大字，凿刻于坝顶公路右侧石崖上。

如今，新建的呼和浩特至武川的一级公路已经开通，通过涵洞直接穿过大青山，过去的畏途彻底变通途。

坝顶障城

汉代当路塞长城墙体

‖66‖ 新城区归绥私立奋斗中学礼堂旧址 ——

撰稿：迟利
摄影：齐纬

内蒙古自治区重点文物保护单位。

位于新城区呼伦南路1号、呼和浩特市第二中学院内。原为日本侵华期间的一所日建小学，始建于1938年，1940年扩建校舍，修建了这所礼堂，作为师生集会的场所。1945年8月抗战胜利，次年国民政府绥远省主席傅作义将自己创办的奋斗中学从陕坝迁于此处。

这所历史悠久的学校的原建筑现仅存礼堂一间，建筑面积约579.6平方米。礼堂为砖木结构、南北纵向建筑，硬山顶，东、西、南三面开窗户。东、西两面窗各有两排，上排为拱形窗，下排为长方形窗；南面为一排长方形窗。北面是礼堂的大门。外墙刷灰色涂料，屋顶覆盖红瓦。

傅作义深受陈嘉庚、陶行知教育思想的影响，认为"今后之教育，当以用为中心。用什么，教什么；教什么，学什么；学什么，做什么。""学生之命运，决于教师；学校之命运，决于职员。建校之理想，尤在培养优良之校风"。傅作义创办奋斗中学的目的，是为了解决部队军政干部子女的就学问题。他"深慨吏治不清，人才之不胜，虽欲图强，不可得也。"1942年5月，傅作义在绥西陕坝借房建

归绥私立奋斗中学学生证

礼堂全景

礼堂侧面

校，招收两个初中班，主要是傅作义部队军政干部子女，傅作义为董事长兼校长。1943年9月，迁入陕坝北郊新校址。1946年3月，学校随傅部迁至归绥，改名为归绥奋斗中学，后又改为归绥私立奋斗中学。

新中国成立后，1952年8月，归绥市人民政府接管了私立奋斗中学，改名为归绥市第二中学。1954年蒙绥合并后，又改为呼和浩特市第二中学至今。

附 录

附　录 **目录**

表一　呼和浩特市全国重点文物保护单位名单

序号	公布名称与单体名称		时代	公布批次	所在旗县(区)
1	万部华严经塔		辽代　金代 元代　明代	第二批	赛罕区
2	大窑石器制造场（大窑遗址）		旧石器时代 新石器时代	第三批	新城区
3	金刚座舍利宝塔		清代	第三批	玉泉区
4	和硕恪靖公主府		清代	第五批	新城区
5	长城	（1）呼和浩特市秦汉长城	秦代　汉代	第六批	新城区 武川县
		（2）呼和浩特市金界壕	金代	第五批	武川县
		（3）清水河县明长城大边	明代	第五批	清水河县
		（4）清水河县明长城二边			
6	和林格尔土城子遗址（盛乐古城）		东周　秦代　汉代 西晋　北朝　隋代 唐代　辽代　金代 元代	第五批	和林格尔县
7	绥远城墙和将军衙署	（1）绥远城城墙	清乾隆四年 （1739年）	第六批	新城区
		（2）绥远城将军衙署	清代		
8	昭君墓		汉代	第六批	玉泉区
9	大召		明代　清代	第六批	玉泉区

序号	公布名称与单体名称		时代	公布批次	所在旗县(区)
10	乌兰夫故居		清代 民国	第六批	土默特左旗
11	乌素图召		明清	第七批	回民区
12	呼和浩特清真大寺		清代 民国	第七批	回民区
13	呼和浩特天主教堂 （呼和浩特牛东沿天主教堂）		1924年	第七批	回民区
14	席力图召及家庙	（1）席力图召	清代	第七批	玉泉区
		（2）席力图召家庙			
15	云中郡故城（古城村古城）		战国 秦代 汉代 北朝 隋代 唐代	第七批	托克托县
16	和林格尔东汉壁画墓		东汉	第七批	和林格尔县
17	广化寺造像（喇嘛洞召）		明代 清代	第七批	土默特左旗

表二　呼和浩特市自治区级重点文物保护单位名单

序号	公布名称与单体名称		时代	公布批次	所在旗县(区)
1	德胜沟革命遗址（得胜沟革命旧址）		抗战时期	第一批	武川县
2	贾力更烈士故居		清代	第二批	土默特左旗
3	塔布陀罗亥古城及汉墓	（1）塔布陀罗亥古城	汉代	第三批	新城区
		（2）塔布陀罗亥汉墓			
4	抗日阵亡将士公墓 （华北军第五十九军抗日阵亡将士公墓旧址）		1934年	第三批	回民区
5	丰州遗址（白塔古城）		辽代　金代 元代　明代	第三批	赛罕区
6	多松年故居		清代	第三批	赛罕区
7	东胜卫古城　（东沙岗古城）		唐代　辽代 金代　元代 明代	第三批	托克托县
8	李裕智烈士纪念碑		1981年	第三批	托克托县
9	明清戏台	（1）口子上村清泉寺戏台	明代	第三批	清水河县
		（2）柳清河村戏台	清代		
		（3）水门塔村戏台	清代		
10	荣耀先故居		清代	第三批	土默特左旗
11	土默特佐领衙署		清代	第四批	新城区

序号	公布名称与单体名称	时代	公布批次	所在旗县(区)
12	高凤英故居	民国	第四批	新城区
13	绥远省政府礼堂旧址 （归绥私立奋斗中学礼堂旧址）	1940年	第四批	新城区
14	内蒙古自治区政府一号办公楼旧址	1955年	第四批	新城区
15	内蒙古博物馆展厅大楼	1957年	第四批	新城区
16	蒙古国驻呼和浩特总领馆旧址	现代	第四批	新城区
17	荣祥故居	民国	第四批	回民区
18	乃莫齐召	清代	第四批	玉泉区
19	观音庙（呼和浩特观音庙）	清代	第四批	玉泉区
20	东岳天齐庙（呼和浩特东岳天齐庙）	清代	第四批	玉泉区
21	土默特文庙大成殿	清代	第四批	玉泉区
22	呼和浩特财神庙	清代	第四批	玉泉区
23	巧尔齐召家庙	清代	第四批	玉泉区
24	弘庆召	清代	第四批	玉泉区
25	小召（小召牌楼）	清代	第四批	玉泉区
26	元盛德（清归化城元盛德商号掌柜旧居）	清代	第四批	玉泉区
27	大盛魁（清归化城大盛魁商号总号旧址）	清代	第四批	玉泉区

序号	公布名称与单体名称	时代	公布批次	所在旗县(区)
28	土默特议事厅（土默特旗务衙署）	清代	第四批	玉泉区
29	惠丰轩（惠丰轩旧址）	民国	第四批	玉泉区
30	石人湾墓群（石人湾石刻）	辽代	第四批	赛罕区
31	二道路墓群	汉代　北魏	第四批	托克托县
32	云内州故城址（西白塔古城）	辽代　金代　元代　明代	第四批	托克托县
33	龙王庙铸铁蟠龙旗杆（清河口镇龙王庙蟠龙铁幡杆）	清代	第四批	托克托县
34	马家店石刻（蜈蚣坝"化险为夷"石刻）	1926年	第四批	武川县
35	绥西抗日动委会旧址	抗战时期	第四批	武川县
36	玉林卫故城址（榆林城古城）	汉代　明代	第四批	和林格尔县
37	小红城古城	元代	第四批	和林格尔县
38	云川卫故城址（大红城古城）	明代	第四批	和林格尔县
39	魁星楼（和林格尔魁星楼）	明代	第四批	和林格尔县
40	岔河口公主碑	清代	第四批	清水河县
41	白塔寺	清代	第四批	土默特左旗
42	全化寺	清代	第四批	土默特左旗

表三　呼和浩特市市县级重点文物保护单位名单

序号	公布名称与单体名称		时代	保护级别及批次（公布时间）	所在旗县（区）
1	万家沟革命遗址（万家沟革命旧址）		抗战时期	市级　第一批	土默特左旗
2	赵北长城呼市郊区段（呼和浩特市战国赵北长城）		战国秦代汉代	市级　第二批	赛罕区　新城区回民区土默特左旗
3	哈拉更寺庙遗址		清代	市级　第三批	新城区
4	红山口摩崖石刻及寺庙遗址	（1）红山口摩崖石刻	清代	市级　第三批	新城区
		（2）红山口寺庙遗址	清代		
5	巴彦镇白塔火车站遗址（白塔火车站旧址）		民国	市级　第三批	新城区
6	新城区赛马场(内蒙古赛马场)		新中国	市级　第三批	新城区
7	新城区南街太清宫（呼和浩特太清宫）		1956年	市级　第三批	新城区
8	永安寺遗址		清代	市级　第三批	回民区
9	坝口子戏台		清代	市级　第三批	回民区
10	清真东寺（呼和浩特清真东寺）		清代	市级　第三批	回民区
11	姑子庙摩崖石刻及寺庙遗址	（1）姑子庙摩崖石刻	清代	市级　第三批	回民区
		（2）姑子庙寺庙遗址			
12	杨家梁巴氏墓		清代	市级　第三批	玉泉区

序号	公布名称与单体名称	时代	保护级别及批次（公布时间）	所在旗县（区）
13	红旗村遗址	新石器时代	市级　第三批	赛罕区
14	西达赖营古城	隋代 唐代	市级　第三批	赛罕区
15	甲兰板古庙	清代	市级　第三批	赛罕区
16	黄合少镇美岱村水利设施 （美岱乾通渠水利设施）	新中国	市级　第三批	赛罕区
17	黄合少二十家村引水渠 （二十家引水渠）	新中国	市级　第三批	赛罕区
18	白塔山摩崖石刻	清代	市级　第三批	土默特左旗
19	海生不浪文化遗址（海生不浪遗址）	新石器时代	县级　1991年	托克托县
20	阳寿故城（哈拉板申西古城）	秦代	县级　1991年	托克托县
21	沙陵县故城（哈拉板申东古城）	汉代	县级　1991年	托克托县
22	桢陵故城（章盖营古城）	汉代	县级　1991年	托克托县
23	蒲滩拐古城	唐代	县级　1991年	托克托县
24	双墙村古城	辽代	县级　1991年	托克托县
25	镇虏卫故城（黑城古城）	明代	县级　1991年	托克托县
26	井儿沟革命遗址（井儿沟革命旧址）	抗战时期	县级　1986年	武川县

序号	公布名称与单体名称	时代	保护级别及批次（公布时间）	所在旗县（区）
27	黄家村遗址	秦代 汉代	县级 1987年	武川县
28	白彦山古城	汉代	县级 1987年	武川县
29	母号窑子古城	汉代	县级 1987年	武川县
30	庙沟土城子古城	汉代	县级 1987年	武川县
31	东坡村遗址	汉代	县级 1987年	武川县
32	下南滩遗址	北魏	县级 1987年	武川县
33	二份子古城	北魏	县级 1987年	武川县
34	土城梁北魏行宫遗址（土城梁古城）	北魏	县级 1987年	武川县
35	井尔沟墓葬	辽代 金代	县级 1987年	武川县
36	小五间房遗址	辽代 金代	县级 1987年	武川县
37	保尔什台遗址	辽代 金代	县级 1987年	武川县
38	耗赖腮古城	辽代 金代	县级 1987年	武川县
39	尚家古城	辽代 金代	县级 1987年	武川县
40	西水头遗址	辽代 金代	县级 1987年	武川县

序号	公布名称与单体名称	时代	保护级别及批次（公布时间）	所在旗县（区）
41	哈不太梁遗址	辽代 金代	县级 1987年	武川县
42	韩庆坝遗址	辽代 金代	县级 1987年	武川县
43	东窑子遗址	辽代 金代	县级 1987年	武川县
44	北土城古城	金代 元代	县级 1987年	武川县
45	东土城古城	元代	县级 1987年	武川县
46	东土城王墓	金代 元代	县级 1987年	武川县
47	双玉城古城	元代	县级 1987年	武川县
48	黑脑包遗址	元代	县级 1987年	武川县
49	双花滩石刻	清代	县级 1987年	武川县
50	德胜泉石刻	清代	县级 1987年	武川县
51	永和泉班定召庙址	清代	县级 1987年	武川县
52	坝顶遗址（坝顶障城）	汉代	县级 2012年	武川县
53	西红山古城	金代 元代	县级 2012年	武川县
54	奎素王墓	金代 元代	县级 2012年	武川县

序号	公布名称与单体名称	时代	保护级别及批次 （公布时间）	所在旗县（区）
55	榆树店古城	元代	县级　2012年	武川县
56	武昌永古井	清代	县级　2012年	武川县
57	北沟墓群	清代	县级　2012年	武川县
58	东号墓群	清代	县级　2012年	武川县
59	耗赖山天主堂	民国	县级　2012年	武川县
60	李齐沟绥西专署旧址	抗战时期	县级　2012年	武川县
61	头号水库	新中国	县级　2012年	武川县
62	七星堆墓群	汉代	县级　1987年	和林格尔县
63	王墓梁墓群	汉代	县级　1907年	和林格尔县
64	塔梁塔	元代	县级　1987年	和林格尔县
65	武松石碑	明代	县级　1987年	和林格尔县
66	明长城次边（和林格尔县明长城大边）	明代	县级　1987年	和格尔林县
67	樊家夭石碑	清代	县级　1987年	和林格尔县
68	张云峰同志牺牲遗址 （张云峰同志牺牲地）	1945 年	县级　1987年	和林格尔县

序号	公布名称与单体名称	时代	保护级别及批次（公布时间）	所在旗县（区）
69	原绥南行署驻地	抗战时期	县级 1988年	和林格尔县
70	桢陵故城（拐子上古城）	秦代 汉代	县级 2004年	清水河县
71	桐过故城（城嘴子古城）	汉代	县级 2004年	清水河县
72	骆县故城（古城坡古城）	汉代	县级 2004年	清水河县
72	昆新故城（小火盘古城）	北魏	县级 2004年	清水河县
74	宁边故城（下城湾古城）	辽代 金代 元代	县级 2004年	清水河县
75	老牛湾石碑	明代	县级 2004年	清水河县
76	口子上村石碑	清代	县级 2004年	清水河县
77	黑矾沟瓷窑址群	清代	县级 2008年	清水河县
78	丹津墓	清代	县级 1996年	土默特左旗

后记

《呼和浩特文化遗产》一书，是由内蒙古自治区文物考古研究所组织编撰的《内蒙古文化遗产丛书》之一。全书依照时代序列，分为石器时代、青铜时代、战国秦汉时期、魏晋北朝时期、隋唐时期、辽金元时期、明清时期、近现代八个部分，每个部分之下，大致依照古遗址、古墓葬、古建筑、石窟寺及石刻、其他等五个不可移动文物分类的顺序，依次介绍每个不可移动文物点。

本书中介绍的不可移动文物点，共有66处，主要包括了全国重点文物保护单位、内蒙古自治区重点文物保护单位以及部分市县级重点文物保护单位，还有部分未定级的重要文物点。对这些文物点的介绍，包括了文物的基本状况、前人工作与研究概况等文字内容，并配有文物本体、周边环境与出土遗物等的图片。

本书综述主要是介绍呼和浩特市的自然环境、人文历史以及以往文物考古工作概况等。附录主要是对呼和浩特市的全国重点文物保护单位、自治区级重点文物保护单位、市县级重点文物保护单位分别作分解统计，内容包括公布名称与单体名称、时代、保护级别及批次、所在旗县（区）等几个方面的内容。公布名称为公布文物保护单位时的文物点名称，有的公布名称不符合文物点的命名规范，在后面括号中予以更正；有的文物保护单位是由多个单体文物点组成的复合文物，遇到这样的情况，在公布名称下面一一列出单体名称；对于较为特殊的线性文物，如长城，按盟市域、旗县域的线路分布作单体统计，如呼和浩特市秦汉长城、呼和浩特市金界壕、清水河县明长城大边、清水河县明长城二边，统计为四个单体文物。年代并不一定遵照当初公布文物保护单位时认定的年代，要依据最新的研究成果确定文物的年代；根据文物点的不同类型，有的仅列出始建年代，有的则一一列出文物的沿用年代。保护级别及批次方面，遵循文物点的最高保护级别原则，如一个文物点曾经公布为自治区重点文物保护单位，现今已升级为全国重点文物保护单位，则仅按全国重点文物保护单位作统计；市县级要具体区分出市级、县级。如果一个文物点分布在多个旗县（区），则大体按照由东向西的方向，依次列出所在旗县（区）。

本书由张文平制定具体的编撰体例，李春雷做了大量的前期资料收集整理工作，并制作了书后附录，张文平又做了后期的全面统稿工作，最后由陈永志审定全稿。具体参加文物点撰稿的人员有陈永志、张文平、党郁、李强、李春雷、迟利、武成、丁勇、武高明、武明光、王兰柱、刘建国、石磊、袁永春、霍志国、杨建林等。

本书的资料来源，包括了内蒙古自治区文物考古研究所历年来的考古调查与发掘成果、其他文物单位的考古调查与发掘成果、新中国成立以来开展的三次不可移动文物普查资料、全国长城资源调查资料、相关专家学者的考古研究成果等。面对如此庞杂的资料来源，书中列出的注释、图片来源等，难免挂一漏万，如有个别遗漏，还望原单位、原作者谅解。

本书承蒙内蒙古自治区党委常委、宣传部乌兰部长撰写了序言，在此表示由衷的敬意与诚挚的感谢！

本书成书较为仓促，难免有错讹与不足之处，敬请读者批评指正。

编者

2014年2月17日